MANUAL PARA CEREMONIAS RELIGIOSAS

A *Jesús de Nazar et,*
el Divino Arquitecto de mi vida,
le dedico este manual
para gloria y honra de su nombre.

MANUAL PARA CEREMONIAS RELIGIOSAS

editorial clie

KITTIM SILVA

EDITORIAL CLIE
CLIE, E.R. n.º 2.910-SE/A
C/ Ferrocarril, 8
08232 VILADECAVALLS (Barcelona) ESPAÑA
E-mail: libros@clie.es
Internet: http:// www.clie.es

MANUAL PARA CEREMONIAS RELIGIOSAS

ISBN: 978-84-8267-525-1

Impreso en USA

Printed in USA

Clasifíquese:
380 BOSQUEJOS:
Ceremonias religiosas
CTC: 01-04-0380-02
Referencia: 22.46.95

Índice

Prólogo

La idea de un Manual de Ceremonias Religiosas, *estuvo gestada en mi mente por muchos años. Yo, al igual que otros ministros, siempre me encontraba con el problema de improvisar ciertas ceremonias que, en los manuales en uso, no aparecían. Otras ceremonias eran tan superficiales que era necesario improvisar muchas partes para darle a las mismas mayor formalidad.*

En el presente Manual *considero las ceremonias tradicionales (matrimonio, dedicación de niños, Santa Cena, recepción de miembros); pero también presento innovación en ceremonias que han llegado a formar parte del formalismo religioso (votos de renovación matrimonial, ordenación de ministros, instalación de pastores, ordenación de diáconos, dedicación de hogares...).*

Respeto las tradiciones de la iglesia evangélica, por tanto, no busco cambiar aquellas que no son necesarias; pero sí que busco que se formalicen. Con este trabajo literario, espero poder contribuir en algo, aunque mi esfuerzo sea pequeño.

Lo ceremonial siempre ha sido uno de los vestidos religiosos. Una ceremonia bien hecha es causa de admiración y recordada por los participantes con el paso de los años. A todos nos gustan las cosas bien hechas. En el otro extremo, una ceremonia mal improvisada da que hablar, y le resta capacidad al ministro oficiante.

Dios es amante de lo formal y de lo ceremonial. Esto se echa de ver en el tabernáculo y en el sacerdocio levítico. En la visión del trono celestial, Juan el apocalipta vio al Cordero rodeado de formalidad (Apocalipsis 5 y 6).

Cuando las cosas se hacen bien para Dios, invitan a la adoración y a la reverencia. Por eso el ministro se esforzará en agradar a Dios en todo.

Este Manual *será una herramienta en el quehacer pastoral. Espero que sea bien recibido por todos mis colegas ministeriales.*

No podría terminar este prólogo sin hacer una mención al Rev. Manuel Vélez, Jr., mi pastor asistente, quien me dio el «empujón» para que este Manual *saliera a la luz. Él, al igual que mi esposa Rosa, ambos pastores asistentes, me ayudan en muchas de las ceremonias religiosas. No sólo leyó el trabajo, sino que también me dio algunas sugerencias para el mismo.*

También expreso mis gracias al Concilio Internacional de Iglesias Pentecostales de Jesucristo, por darme permiso para usar su logo oficial en la cubierta de esta obra.

Finalmente, este Manual *ha nacido de la propia experiencia del autor, que ha puesto en práctica los principios aquí presentados.*

REV. KITTIM SILVA
26 de febrero de 1992
Brooklyn, New York

1

Ceremonia de compromiso

[El ministro debe haberle dado ya una consejería preliminar a la pareja que desea comprometerse formalmente.]

[Ambos pasarán al altar, si no es una ceremonia formal con marcha, acompañados de sus respectivos padres o encargados.]

Ministro: Amigos, hermanos y familiares que estamos hoy aquí reunidos para ser testigos de este acto público de compromiso entre *nombre de él* y *nombre de ella*; quienes, de mutuo acuerdo y conforme a la voluntad de Dios, han decidido dar este paso cristiano.
En el libro del Génesis leemos que Abraham, viejo y entrado en años, se preocupó por el futuro matrimonio de su hijo Isaac y, llamando al siervo de su confianza, le dijo: «... no tomarás para mi hijo mujer de las hijas de los cananeos, entre los cuales yo habito; sino que irás a mi tierra y a mi parentela, y tomarás mujer para mi hijo Isaac» (Génesis 24:3, 4, RVR-77). Luego de cumplir el criado con esa tan difícil selección, que enmarcaba la voluntad de Dios para Isaac

y la bella Rebeca, leemos: «Rebeca también alzó sus ojos, y vio a Isaac, y descendió del camello… Y la trajo Isaac a la tienda de su madre Sara, y tomó a Rebeca por mujer, y la amó; y se consoló Isaac después de la muerte de su madre» (Génesis 24:64, 67, RVR-77).

[El ministro ahora hará oración en favor de la pareja que se comprometerá.]

Ministro: Dios eterno, creador de todo lo existente; autor de todas las cosas buenas; te ha placido en tu buena voluntad el dirigir a *nombre de él* y *nombre de ella* para que se comprometan y se conozcan el uno al otro, como preámbulo a la consumación del voto matrimonial. Te rogamos en esta hora inolvidable que bendigas a estos comprometidos. Amén.

[El ministro se dirigirá a ellos y les encomiará por la sabia decisión de haber hecho un yugo en conformidad con la voluntad de Dios. Aquí pudiera ampliar algo sobre las palabras paulinas: «No os unáis en yugo desigual con los incrédulos» (2 Corintios 6:14, RVR-77).]

Ministro: Ustedes, después de haberse conocido el uno al otro por algún tiempo, y por voluntad propia han decidido formalizar sus relaciones. Por lo tanto, dan este paso serio del compromiso cristiano. Como ministro del Señor Jesucristo les aconsejo que cumplan sus palabras el uno al otro.

[El ministro en este momento se dirigirá a él.]

Ministro: *Nombre de él,* ya que has decidido dar este paso del compromiso, te encargo que seas fiel a Dios, fiel a tu iglesia y fiel a tu prometida.

[El prometido repetirá las palabras del ministro.]

Prometido: *Nombre de ella* , en presencia de todos los aquí presentes y ante este ministro como representante de Dios, yo, *nombre de él*, te pido que aceptes comprometerte conmigo. ¿Me aceptas como tu prometido?

[Ella contestará: «Sí, te acepto.»]
[El ministro en este momento se dirigirá a ella.]

Ministro: *Nombre de ella*, ya que has decidido dar este paso serio del compromiso, te encargo que seas fiel a Dios, fiel a tu iglesia y fiel a tu prometido.

[Ella repetirá las palabras del ministro.]

Prometida: *Nombre de él*, en presencia de todos los presentes, y de este ministro como representante de Dios, yo, *nombre de ella*, acepto ser tu prometida y que Dios nos ayude.

[El ministro le pedirá a él que, poniéndole el anillo de compromiso, le diga...]

Prometido: *Nombre de ella*, aquí te pongo este anillo sobre tu dedo anular como símbolo de la palabra que en esta hora te empeño de que un día llegarás a ser mi esposa.

Prometida: ¡Que Dios nos ayude!

[El ministro, dirigiéndose a los presentes, les invitará a inclinar sus cabezas, mientras él hace oración.]

Ministro: Señor Jesucristo, en esta hora te rogamos que bendigas a esta pareja. Ayúdalos a cumplir con este

voto de compromiso cristiano, hasta ese día que serán
unidos en santo matrimonio. Amén.
¡Que Dios los ayude a cumplir con sus palabras!

[El ministro concluirá con una bendición pastoral.]

Ministro: «La gracia sea con todos los que aman a nuestro Señor Jesucristo con amor inalterable. Amén»
(Efesios 6:24; RVR-77).

2

Ceremonia de compromiso

(La siguiente ceremonia llegó a mis manos anónimamente, dada a mí por algún pastor que, al no ponerle su nombre, desconozco su autor.)

[El ministro, dirigiéndose a los presentes, dirá las palabras que siguen...]

Ministro: Presentes estas dos personas, han venido a comprometerse en esta santa relación. Aquellos que entran en este compromiso deben mutuamente amarse y deben poseer una afinidad tal que les conduzca a ayudarse mutuamente en sus actividades y en sus ideales. Dios ama y desea nuestra mayor felicidad. Dios quiere participar en la selección de la persona amada. Él quiere ayudarnos y dirigirnos cuando nos preparamos para la constitución de un hogar feliz. Dios quiere que nos tornemos a Él pidiéndole auxilio y ayuda en todo paso que demos.

[El ministro invitará a los presentes a inclinar sus cabezas y él hará la siguiente oración...]

Ministro: Amantísimo Padre Celestial, tu presencia asegura la felicidad de toda condición humana de vida, y tu favor endulza toda relación. Por la seguridad de tu presencia y favor hacia estos tus siervos, que vienen a unirse en compromiso cristiano, te damos gracias. Así como Tú les has unido providencialmente, santifícalos por tu Espíritu, dándoles una nueva comprensión al uno para el otro, mientras entran en esta nueva y seria relación, y concédeles, en esta hora de su compromiso de amor, y a través de sus vidas, tu divina guianza, por el mismo Señor Jesucristo, nuestro bendito Salvador. Amén.

[El ministro se dirigirá a los novios, diciendo...]

Ministro: Si la intención de ustedes dos es comprometerse como novios, pueden manifestarlo estrechando sus manos derechas.

[Ahora el ministro se dirigirá al novio...]

Ministro: *Nombre de él completo,* ¿tomas a esta doncella, cuya mano tienes en la tuya para ser tu prometida hasta el día que sea tu esposa legítima? ¿Prometes solemnemente, ante Dios y estos testigos, que desearás lo que hay de mejor para ella y la admirarás por sus cualidades físicas, mentales y espirituales, por sus talentos y sus habilidades, por su familia y por sus amigos?

Novio: Sí, lo prometo.

[Ahora el ministro se dirigirá a la novia...]

Ministro: *Nombre de ella completo,* ¿tomas a este varón, cuya mano tienes en la tuya para ser tu prometido hasta el día que sea tu esposo legítimo? ¿Prometes solemnemente, ante Dios y estos testigos, que desearás

14

lo que hay de mejor para él y lo admirarás por sus cualidades físicas, mentales y espirituales, por sus talentos y sus habilidades, por su familia y por sus amigos?

Novia: Sí, lo prometo.

[El ministro se dirigirá a ambos...]

Ministro: ¿Se ayudarán en el desenvolvimiento cristiano, en sus experiencias, pruebas y alegrías? ¿Y contribuirán para la estabilidad, la seguridad y permanencia de esta relación y juntos se ayudarán para vencer las tentaciones y para convertir las dificultades en oportunidades de bendición para el crecimiento espiritual?

Ambos: Sí, lo prometemos.

[El ministro en estos momentos se dirigirá a los padres de ambos novios...]

Ministro: ¿Están ustedes de acuerdo y aprueban esta relación según ha sido estipulada en este solemne compromiso cristiano?

Padres: Sí, lo aprobamos.

Ministro: ¿Tenéis alguna prenda para sellar los votos contraídos entre ambos?

Novio: Como promesa, y de acuerdo con los votos hechos entre ambos, por medio de este anillo me comprometo contigo, en el nombre del Padre, y del Hijo, y del Espíritu Santo. Amén.

[El ministro ahora invitará a todos los presentes para que repitan con él El Padrenuestro...]

Todos: «Padre nuestro que estás en los cielos, santificado sea tu nombre. Venga tu reino. Hágase tu voluntad, como en el cielo, así también en la tierra. El pan nuestro de cada día, dánoslo hoy. Y perdónanos nuestras deudas, como también nosotros perdonamos a nuestros deudores. Y no nos metas en tentación, mas líbranos del mal; porque tuyo es el reino, el poder y la gloria, por todos los siglos. Amén» (Mateo 6:9-13, RVR-77).

Ministro: Envía, oh Dios, tus bendiciones sobre estos tus siervos, sobre este varón y esta doncella, a quienes bendecimos en tu nombre. Que siempre puedan estar en paz y amor perfecto y vivir según tus santas leyes. Por Jesucristo, nuestro bendito Salvador. Amén.

3 _____

Ceremonia de compromiso

(Esta ceremonia ha sido escrita y empleada por el Reverendo Agustín Quiles, hijo, pastor y líder conciliar. Con su debido permiso, la ponemos al servicio del ministerio.)

[El ministro, dirigiéndose a los presentes, dirá las palabras siguientes...]

Ministro: Queridos hermanos, familiares y amigos; nos hemos reunido aquí ante la presencia de Dios y de estos padres como testigos, para solemnizar y confirmar en el nombre del Todopoderoso, el compromiso cristiano entre *nombre completo de él* y *nombre completo de ella* .

El compromiso entre dos jóvenes que se aman, es tan sagrado e importante como el matrimonio mismo, pues es tipo del voto que el pueblo de Dios hace con Cristo de separarse y guardarse santa y puramente hasta ese día glorioso de las bodas del Cordero, cuando Él la tome como esposa.

En Isaías 62:5 dice la Sagrada Escritura: «Pues como un joven se desposa con una virgen, se desposarán contigo tus hijos...» (RVR-77).

En Oseas 2:19, 20 leemos: «Y te desposaré conmigo para siempre; te desposaré conmigo en rectitud, justicia, amabilidad y compasión. Y te desposaré conmigo en fidelidad, y conocerás a Jehová» (RVR-77).

En Efesios 5:25, 26 leemos: «... Cristo amó a la iglesia, y se entregó a sí mismo por ella, para santificarla, habiéndola purificado con el lavamiento del agua por la palabra» (RVR-77).

Por lo tanto yo, como ministro de Dios y con los líderes de esta congregación, aceptamos y aprobamos el compromiso entre estos jóvenes creyentes, que viven y practican la sana y santa doctrina.

En 2 Corintios 6:14, 15 dice la Sagrada Escritura: «No os unáis en yugo desigual con los incrédulos; porque ¿qué asociación tiene la justicia con la injusticia? ¿Y qué comunión la luz con las tinieblas? ¿Y qué armonía Cristo con Belial? ¿O qué parte el creyente con el incrédulo?» (RVR-77).

[Acto seguido, el ministro hará una oración invocando la presencia y bendición de Dios sobre los participantes.]
[Ahora se dirigirá a la pareja para formularles algunas preguntas.]

Ministro: ¿Prometen ustedes delante de Dios y ante estos testigos guardarse el uno para el otro hasta el día en que contraigan matrimonio?

Pareja: Sí, lo prometemos.

Ministro: ¿Prometen también ustedes cuidarse de las pasiones juveniles y de no darle lugar al diablo, guardándose puros hasta el día del matrimonio?

Pareja: Sí, lo prometemos.

Ministro: ¿Prometen ustedes velar por el bienestar espiritual y personal del uno hacia el otro?

Pareja: Sí, lo prometemos.

Ministro: ¿Prometen ustedes, que en cuanto les sea posible, separarse en ayuno y en oración para que Dios guíe sus futuros planes?

Pareja: Sí, lo prometemos.

[El ministro se dirigirá al novio...]

Ministro: *Nombre del novio* , ¿qué prenda le entregas a nombre de ella, para confirmar el voto que haces?

[El novio pondrá la sortija o anillo de compromiso en el dedo de la mano izquierda de la joven y repetirá las siguientes palabras.]

Novio: *Nombre de ella*, con este anillo sello mi promesa y te tomo como mi prometida.

[La novia le dará la mano derecha al joven y repetirá las siguientes palabras...]

Novia: *Nombre de él*, públicamente recibo este anillo que me has entregado como señal mutua de compromiso, y te acepto como mi comprometido.

[El ministro pondrá las manos sobre la pareja y hará una oración suplicando a Dios por el éxito de ellos.]
[A continuación el ministro procederá a declarar el compromiso de esta pareja con las siguientes palabras...]

Ministro: Yo, como ministro de Jesucristo y con el poder investido sobre mí por *nombre de la organización,* los declaro oficialmente comprometidos en el nombre del Padre, y del Hijo, y del Espíritu Santo. Amén.

Nota: Esta ceremonia la preparó el Rev. Agustín Quiles, hijo, en enero de 1983.

4 _____

Ceremonia de matrimonio

[Con bastante anticipación a la ceremonia el ministro debe cerciorarse de que los contrayentes hayan cumplido con las leyes para el matrimonio estipuladas en su país de origen.

Si es una pareja de jóvenes, es recomendable que se le den varios seminarios de consejería prematrimonial. Es de gran ayuda que la pareja con bastante anticipación adquiera el libro «El acto Matrimonial» por Tim y Beverly LaHaye, editorial CLIE.]

[El ministro esperará con el novio y el padrino a la novia frente al altar. Tan pronto llegue al altar la novia acompañada el ministro preguntará: «¿Quién hace entrega de esta mujer?» El padre o hermano mayor o cualquiera otra persona escogida, dirá: «Yo, nombre de él, lo hago.» Acto seguido le levantará el velo y le dará un beso en la frente, volviendo a bajarle el mismo. Ella entonces se parará al lado izquierdo del novio.]

Ministro: Hermanos, familiares y amigos que en este día estamos aquí reunidos, con el más serio y firme propósito de ser testigos del enlace matrimonial entre *nombre y apellido del novio* y *nombre de la novia* .

Quienes ante las autoridades civiles han cumplido con todos los requisitos de la ley. Ahora desean ellos hacer sus votos ante Dios, Juez y Legislador de la ley divina. Ante ustedes se comprometerán públicamente, por medio de sus palabras y de su intercambio de anillos. El matrimonio responde al propósito divino para la perpetuación de la raza humana y para la compañía de un hombre y una mujer que se aman y se acompañarán el uno al otro. Por lo tanto, debe ser realizado bajo el temor de Dios, con mucha cordura y con la más clara conciencia.

El mismo Señor Jesucristo inició su ministerio entre los seres humanos, convirtiendo las aguas de las tinajas en vino, cuando hizo acto de solemne presentación en las bodas de Caná en Galilea. Allí, con su presencia, daba aprobación divina a aquel acto, que santificó y bendijo.

[El ministro invitará a todos los presentes a cerrar sus párpados y a inclinar sus cabezas en reverencia a Dios, mientras eleva la siguiente oración. Puede él también sentirse libre de improvisar una oración para la ocasión.]

Ministro: Señor Jesucristo, invocamos que tu majestuosa y divina presencia se haga manifiesta aquí, y ahora, así como en las bodas en Caná de Galilea manifestaste tu presencia.

Te rogamos, Señor, que inundes de gozo y felicidad los corazones de *nombre del novio* y de *nombre de la novia*, que la experiencia de esta ceremonia quede bien imprimida en las puertas de su conciencia, de tal manera que jamás se lleguen a olvidar del paso que han dado, y del sagrado deber de continuar fieles a su compromiso.

Las Sagradas Escrituras son muy claras cuando hablan de los deberes matrimoniales del esposo a la esposa y de la esposa al esposo: «Por lo demás, cada uno de vosotros ame también a su mujer como a sí mismo; y la mujer respete a su marido» (Efesios 5:33, RVR-77).

A los maridos se les da el siguiente consejo bíblico: «Maridos, amad a vuestras mujeres, así como Cristo amó a la Iglesia, y se entregó a sí mismo por ella... así también los maridos deben amar a sus mujeres como a sus mismos cuerpos. El que ama a su mujer se ama a sí mismo... Por esto dejará el hombre a su padre y a su madre, y se unirá a su mujer, y los dos vendrán a ser una sola carne» (Efesios 5:25-31, RVR-77).

A las esposas les dicen las Sagradas Escrituras: «Las casadas estén sometidas a sus propios maridos, como al Señor; porque el marido es cabeza de la mujer, así como Cristo es cabeza de la iglesia, la cual es su cuerpo, y él es su Salvador. Así que, como la iglesia está sometida a Cristo, así también las casadas lo estén a sus maridos en todo» (Efesios 5:22-24, RVR-77).

El consejo para ambos contrayentes es: «Por lo demás, cada uno de vosotros ame también a su mujer como a sí mismo; y la mujer respete a su marido» (Efesios 5:33, RVR-77).

[El ministro mirando a ambos contrayentes les procederá a decir...]

Ministro: Están ante mí, un ministro del evangelio de Jesucristo, llamado para este sagrado oficio. También están ante estos testigos de modo que ellos puedan certificar el acuerdo matrimonial que ya han hecho, y el voto matrimonial que ahora harán. El matrimonio es un compromiso que se hace ante Dios y delante de los hombres. Es un acto que encierra decisión, palabra mutua, responsabilidad, seriedad y perpetuidad.

En el matrimonio ustedes se comprometen a ser fieles

y responsables el uno hacia el otro. Lo cual tendrán que demostrar en los buenos momentos, así como en los malos; en la prosperidad, así como cuando tengan necesidades; cuando gocen de buena salud, así como cuando el dardo de la enfermedad hiera sus cuerpos; en todo lo que puedan, y en todo lo que lleguen a perder. En cada situación de la vida ustedes se mantendrán siempre unidos, hasta que llegue ese día, cuando la muerte interrumpirá su felicidad.

[El ministro ahora se dirigirá al hombre llamándolo por su nombre completo.]

Ministro: *Nombre del novio* ; ¿desea usted recibir como su esposa a *nombre de ella*, para así vivir con ella como su ayuda idónea y como Dios así lo desea? ¿Puede usted prometer que la amará siempre, que le será fiel en todo, que cuidará de ella cuando esté enferma, y que no se unirá a otra mujer para mancillar su matrimonio mientras ella viva?

[El ministro ahora se dirigirá a la mujer llamándola por su primer nombre.]

Ministro: *Nombre de la novia;* ¿desea usted recibir como su esposo a *nombre completo de él*, para así vivir con él teniéndolo como su legítimo esposo? ¿Puede usted prometer que lo amará siempre, que le será fiel en todo, que cuidará de él cuando esté enfermo y que no se unirá a otro hombre para mancillar su matrimonio mientras él viva?

[Acto seguido el ministro preguntará al novio: ¿Con qué prenda darás testimonio a tus palabras? Mientras le pone el anillo en el dedo anular de la mano izquierda de ella, repetirá las palabras que el ministro le dirá.]

Novio: Yo, *nombre del novio*, te tomo a ti, *nombre de la novia*, para que seas mi única esposa, en los momentos buenos como en los malos, cuando tengamos prosperidad como cuando tengamos necesidad, cuando gocemos de buena salud como cuando haya enfermedad, en todo lo que te pueda ofrecer como en todo lo que llegue a perder. Esto lo cumpliré hasta que la muerte sea lo único que nos pueda separar. Que me ayude Dios a cumplir con mi palabra.

[Luego, dirigiéndose a la mujer, le pedirá a ésta que mientras le pone el anillo a él, repita...]

Novia: Yo, *nombre de la novia*, te acepto a ti, *nombre del novio*, para que seas mi único esposo en los momentos buenos como en los malos, cuando tengamos prosperidad como cuando tengamos necesidad, cuando gocemos de buena salud como cuando haya enfermedad, en todo lo que te pueda ofrecer como en todo lo que llegue a perder. Esto lo cumpliré hasta que la muerte sea lo único que nos pueda separar. Que me ayude Dios a cumplir con mi palabra.

[Luego, el ministro dirá mientras mira a ambos.]

Ministro: Estos anillos simbolizan valor y un fin no alcanzable. Su circunferencia no tiene final. El amor entre ustedes es de inestimable valor y de un fin inalcanzable. Al particular dice la Escritura: «Porque fuerte es como la muerte el amor… Las muchas aguas no podrán apagar el amor, ni lo ahogarán los ríos…» (Cantares 8:6, 7, RVR-77).

[Ahora los invitará a que se tomen de las manos mientras se miran el uno al otro.]

Ministro: Por la autoridad que me es delegada por Dios mismo como ministro de su evangelio, a nombre de nuestra fe cristiana *nombre de la denominación o iglesia*, y con la debida aprobación de las autoridades civiles, yo *nombre del ministro y sin títulos* procedo a declararlos marido y esposa según la voluntad de Dios. «Por tanto, lo que Dios juntó, no lo separe el hombre» (Mateo 19:6, RVR-77).
Nombre del novio y *nombre de la novia* los declaró casados en el nombre del Padre, del Hijo y del Espíritu Santo. Que los ayude Dios a cumplir con sus palabras.

[Acto seguido el ministro invitará a la pareja y a los presentes a orar por este nuevo matrimonio.]

Ministro: Señor Jesucristo, en esta hora tan sagrada, te rogamos que bendigas, cuides y prosperes el matrimonio de *nombre de él* y *nombre de ella*. Que seas tú, Señor, el eje divino sobre el cual pueda girar la rueda de este matrimonio. Que seas el agente aglutinador uniéndolos para siempre. En medio de las pruebas de la vida y de las tormentas que azotan los matrimonios, dales tu consuelo, tu sabiduría, tu fortaleza y tu fe, para que puedan continuar en su humana travesía por el mar de esta vida. Únelos de tal manera que permanezcan juntos y se amen sin egoísmos, sin celos, ahora y siempre.

[El ministro invitará al hombre a levantarle el velo a la mujer y a besarle en sus labios. Luego se voltearán en dirección de la asamblea, y esperarán que la música recesional comience a ser oída. Durante la recesión el ministro mantendrá su posición en el altar hasta que la última pareja termine de marchar. Acto seguido él marchará.]

5 _____

Ceremonia para renovación de
votos matrimoniales

[Esta ceremonia se empleará en bodas de plata (aniversario de los veinticinco años de casados) o en bodas de oro (aniversario de los cincuenta años de casados). El proceso es más o menos parecido a una ceremonia regular de casamiento.]

[El ministro esperará en el altar con el novio, en compañía del padrino. Al ritmo de la música nupcial, la novia marchará con su nuevo séquito. Al llegar al altar el ministro preguntará...]

Ministro: ¿Quién hace entrega de esta novia en estas *bodas de plata o de oro* , para renovar sus votos matrimoniales?

Encargado: Yo, *nombre del hijo o persona* , lo hago.

Ministro: Habéis venido ante mí como ministro de Jesucristo para renovar vuestros votos matrimoniales.
En esto vuelven a dar un paso serio como lo hicieron hace *número de años* atrás. Una vez más volverán a

recordar que se tomaron el uno al otro para bien o para mal, para riqueza o pobreza, para salud o enfermedad, y para juntos recibir todo lo que la vida da y quita. Para vuestra memoria les vuelvo a recordar lo que dicen las Sagradas Escrituras:

«Las casadas estén sometidas a sus propios maridos, como al Señor; porque el marido es cabeza de la mujer, así como Cristo es cabeza de la iglesia, la cual es su cuerpo, y él es su Salvador... Maridos, amad a vuestras mujeres, así como Cristo amó a la iglesia y se entregó a sí mismo por ella... Por esto dejará el hombre a su padre y a su madre, y se unirá a su mujer, y los dos vendrán a ser una sola carne» (Efesios 5:22, 23, 25, 31, RVR-77).

[El ministro invitará a los presentes a bajar las cabezas para orar.]

Ministro: Señor Jesucristo, así como con tu presencia trajiste luz y alegría en las bodas en Caná de Galilea; te pedimos que con tu presencia hagas brillar estos momentos de renovación matrimonial entre *nombre de ellos*. Que el recuerdo de esta hora sea una llama inextinguible en la memoria de esta veterana pareja. Amén.

[El ministro se dirigirá al novio con las siguientes palabras...]

Ministro: *Nombre de él*, has venido ante mí para hacer voto de renovación matrimonial, y con esto das un ejemplo de confianza y de fidelidad matrimonial. ¿Prometes continuar amando a *nombre de ella* y serle fiel, como hasta aquí lo has hecho? ¿Prometes cuidarla, sobrellevarla y amarla cada día más?

Novio: Sí, lo prometo.

Ministro: ¡Que Dios os ayude!

[Ahora el ministro los preparará para el intercambio de anillos.]

Ministro: *Nombre de él*, ¿con qué prendas simbolizas la renovación de tus votos matrimoniales?

[Él le pondrá el anillo, la mirará a los ojos y repetirá las palabras del ministro.]

Novio: Yo, *nombre de él*, hoy, a los *número de años* de casados, me comprometo a continuar viviendo contigo como mi legítima esposa, bajo toda circunstancia, hasta que la muerte nos separe.

[Ella le pondrá el anillo, lo mirará a los ojos y repetirá las palabras del ministro.]

Novia: Yo, *nombre de ella*, hoy, a los *número de años* de casados, me comprometo a continuar viviendo contigo como mi legítimo esposo, bajo toda circunstancia, hasta que la muerte nos separe.

Ministro: Por cuanto *nombre de él* y *nombre de ella* han consentido en renovar sus votos matrimoniales, y lo han hecho con sus palabras, y mediante el intercambio de anillos. Yo, como ministro por la bendita gracia del Señor Jesucristo, los declaro de nuevo marido y esposa, hasta que la muerte los pueda separar. Lo hago en el nombre del Padre, y del Hijo, y del Espíritu Santo. ¡Que Dios los ayude!

[Ahora se invitará a los presentes a inclinar sus cabezas para orar.]

Ministro: Doy gracias a ti, oh Dios, por el evento del que aquí acabamos de ser testigos, bendice a *nombre de él* y *nombre de ella*, ayúdalos a continuar en esta travesía de su vida matrimonial. Amén.

«Así que ya no son dos, sino una sola carne; por tanto, lo que Dios juntó, no lo separe el hombre» (Mateo 19:6, RVR-77).

[Acto seguido los invitará a darse un beso.]

Ministro: Damas y caballeros, aquí les presento de nuevo a la pareja de *nombre de ambos*, en sus bodas de *plata o de oro*, démosle un aplauso.

6 ——————

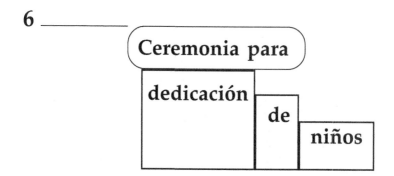

Ceremonia para
dedicación
de
niños

[La iglesia cristiana evangélica no bautiza a los niños, más bien, los dedica o presenta a Dios. Los niños son regalos dados por Dios a los padres, y en la dedicación, los padres se los devuelven a Dios y se comprometen a ser los ayos espirituales de ellos, hasta que lleguen a la mayoría de edad, cuando serán responsables de sus actos. El propio Señor Jesús cuando era un infante recibió su nombre a los ocho días, según la costumbre de esos días (Lucas 2:21). Cuando María cumplió los días de su purificación, trajo al niño Jesús para presentarlo al Señor (Lucas 2:22 cf. Levítico 12:2-6).]

[Los padres pasarán al altar acompañados de dos testigos. Es costumbre en nuestra congregación invitar a los niños a que pasen y se sienten en el altar y alrededor del grupo que hará la presentación. Entretanto, se entona un cántico apropiado. Nosotros encargamos a una hermana que cante el himno «Los niños, joyas de Cristo» *del* Himnario de Gloria *(# 203).]*

Ministro: Han venido delante de mí para cumplir con una antigua tradición hebreo-cristiana, que es la dedicación de niños a Dios.

Las Sagradas Escrituras están adornadas de ejemplos al particular:

En 1 Samuel 1:26-28 leemos: «Y ella dijo: ¡Oh, señor mío! Vive tu alma, señor mío; yo soy aquella mujer que estuvo aquí junto a ti orando a Jehová. Por este niño oraba, y Jehová me dio lo que pedí. Yo, pues, lo dedico también a Jehová; todos los días que viva, será de Jehová. Y adoró allí a Jehová» (RVR-77).

En Marcos 9:37 leemos: «Cualquiera que reciba a un niño como éste en mi nombre, a mí me recibe; y cualquiera que me recibe a mí, no me recibe a mí, sino al que me envió» (RVR-77).

En Lucas 18:17 leemos: «De cierto os digo, que el que no reciba el reino de Dios como un niño, no entrará en él» (RVR-77).

En Lucas 18:16 leemos: «Mas Jesús, llamándolos, dijo: Dejad a los niños venir a mí, y no se lo impidáis; porque de los tales es el reino de Dios» (RVR-77).

[El ministro ahora procederá a hacer algunas preguntas a los padres.]

Ministro: ¿Prometen ustedes criar a este(a) niño(a) en el temor de Dios y le enseñarán a respetar las cosas sagradas de Dios?

Padres: Sí, lo prometemos.

Ministro: ¿Se comprometen ustedes a darle un ejemplo cristiano, mediante un hogar donde Jesucristo sea el Huésped divino?

Padres: Sí, lo prometemos.

Ministro: ¿Prometen ustedes inculcar en este(a) niño(a) los valores cristianos, que aun cuando éste fuera del alcance vuestro, los pueda siempre recordar?

Padres: Sí, lo prometemos.

Ministro: Les aconsejo que cumplan con sus promesas y que jamás olviden que ante Dios, desde hoy en adelante, son responsables de la educación religiosa y la formación espiritual de su hijo(a).

[El ministro tomará al(la) niño(a) en sus brazos, lo levantará ligeramente y lo presentará a Dios. En caso de que los niños no sean infantes, simplemente le pondrá las manos encima de la cabeza.]

Ministro: Dios, que eres Creador del género humano, tú que das vida y la quitas, y que te ha placido traer a este mundo a *nombre del(de la) niño(a)* ; ahora sus padres te lo traen para dedicártelo a ti.
Nombre del(de la) niño(a) , como ministro de Jesucristo te dedico hoy a Dios Padre, a Dios Hijo y a Dios Espíritu Santo. Que Su presencia te arrope y que su luz te guíe siempre. Amén.

[Para terminar, los padres se voltearán a la congregación con el (la) niño(a), mientras que cantan algunas estrofas del himno antes mencionado. Los ujieres o diáconos ayudarán a los niños a regresar a sus asientos.]

7

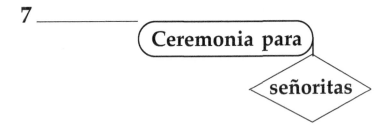

Ceremonia para señoritas

[*Es costumbre entre muchos latinoamericanos celebrar a sus hijas una especie de ceremonia como iniciación a la adolescencia, conocida como* el quinceañero. *En los Estados Unidos se celebra un año después, y se le conoce como* el dieciseisañero *(en inglés «Sweet-Sixteen»). Esta costumbre ha llegado a formar parte de las prácticas ceremoniales entre muchas iglesias evangélicas. Ante esta demanda presento la presente ceremonia para señoritas.*]

[*Esta ceremonia es formal, conlleva una marcha, donde finalmente se corona a la* quinceañera *o* dieciseisañera. *En la marcha de la* quinceañera *participan siete señoritas y siete jóvenes, representando los primeros catorce años, y la que será coronada completa los quince años. Para el* dieciseisañero *participan ocho señoritas y ocho jóvenes, representando los dieciséis años de la joven a ser coronada.*]

[*Una vez que la señorita va a ser coronada llega cerca del altar, el ministro preguntará...*]

Ministro: ¿Quién presenta a esta señorita para que sea coronada en su *quinceañero* o *dieciseisañero*?

Encargado: Yo, *relación con ella,* lo hago.

Ministro: Las Sagradas Escrituras dicen mucho sobre la época de la juventud:
«Alégrate, joven, en tu mocedad, y tome placer tu corazón en los días de tu juventud...» (Eclesiastés 11:9, *Biblia de las Américas*).
«Acuérdate, pues, de tu Creador en los días de tu juventud, antes que vengan los días malos, y se acerquen los años en que digas: No tengo en ellos placer» (Eclesiastés 12:1, ibid.).
«Hijos, obedeced en el Señor a vuestros padres, porque esto es justo. Honra a tu padre y a tu madre, que es el primer mandamiento con promesa; para que te vaya bien, y seas de larga vida sobre la tierra. Y vosotros, padres, no provoquéis a ira a vuestros hijos, sino criadlos en disciplina y amonestación del Señor» (Efesios 6:1-4, RVR-77).

[El ministro le hará varios encargos a la señorita a ser coronada.]

Ministro: *Nombre de ella completo*, te encarezco delante de Dios y ante esta iglesia que seas «ejemplo de los creyentes en palabra, conducta, amor, espíritu, fe y pureza» (1 Timoteo 4:12, RVR-77).

Señorita: Con la ayuda de Dios seré ejemplo.

Ministro: *Nombre de ella completo*, te encarezco delante de Dios y ante tus padres, que los respetes, ames y consideres siempre, así como ellos te han dado amor y comprensión.

Señorita: Con la ayuda de Dios los estimaré.

Ministro: *Nombre de ella completo*, te encarezco delante de Dios y ante los hombres, que tu ejemplo de vida cristiana sea siempre consecuente y a tono con tu fe religiosa.

Señorita: Con la ayuda de Dios seré ejemplo.

[Ahora el ministro hará una oración en favor de la quinceañera o dieciseisañera.]

Ministro: Señor y Salvador nuestro Jesucristo, te rogamos que bendigas a esta señorita, *nombre de ella,* en su *quinceañero* o *dieciseisañero.* Que tu gracia y tu Espíritu Santo, que hasta aquí la han guardado, la ayuden a continuar en su camino de la vida; y que sea cuidada de los peligros que puedan aparecer en el mismo. Amén.

[Acto seguido se la coronará. La corona le puede ser puesta por la madre o por el propio ministro, o por ambos parientes. En cualquier caso, las palabras serán las mismas.]

Ministro o encargado: *Nombre de ella ,* esta corona de plata simboliza tu valor como hija y tu pureza como señorita. Por tanto, *nombre de ella,* ante tu séquito que te ha acompañado te corono *quinceañera* o *dieciseisañera.*

Ministro: Que la bendición del Padre, y del Hijo, y del Espíritu Santo te bendiga, te guarde y haga Dios resplandecer su rostro sobre ti y tenga de ti misericordia.

Todos: ¡Que viva la *quinceañera* o *dieciseisañera*!

[En la recepción que seguirá luego, la madre de la señorita le sustituirá unos zapatos planos por unos con tacón, representando su nuevo estado.]

Nota: Esta ceremonia la preparé para el dieciseisañero de mi primogénita hija Janet Silva.

8 ——————

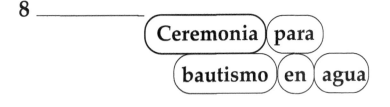

Ceremonia para bautismo en agua

La mayoría de las iglesias evangélicas están dogmáticamente de acuerdo en que el bautismo (gr. *baptizo* = sumergir) en agua, debe ser realizado por inmersión (Mateo 3:13-17; Hechos 8:34-39).

Es uno de los dos sacramentos u ordenanzas instituidos por el propio Señor Jesucristo: El primero es el de la Santa Cena (Mateo 26:26-29 cf. 1 Corintios 11:23-26). El segundo es éste del bautismo en agua (Mateo 28:19). El bautismo en agua fue practicado con Jesús mismo por Juan el Bautista (Mateo 3:13-17); y luego aparece como una práctica por los discípulos de Jesús temprano en su ministerio (Juan 4:1).

Se debe practicar por aquellos que se consideran discípulos del Señor Jesucristo (Mateo 28:19); son creyentes (Hechos 8:37); y que han dado muestras de arrepentimiento (Hechos 2:38). Para la Iglesia primitiva era equivalente a la profesión de fe (Hechos 2:38; 8:37; 9:18; 10:47, 48; 16:30-33).

Se debe realizar mediante la fórmula trinitaria: «…bautizándolos en el nombre del Padre, y del Hijo, y del Espíritu Santo» (Mateo 28:19). El hecho de que Pedro ponga énfasis «en el nombre del Señor Jesucristo» (Hechos 2:38) y «en el nombre del Señor Jesús» (Hechos 10:48); simplemente indica una profesión de fe hacia el Señor Jesucristo, y una aceptación de su *señorío* espiritual. En ese sentido es que Pablo declaró: «¿O ignoráis que todos los que hemos sido bautizados en Cristo Jesús, hemos sido bautizados en su muerte?» (Romanos 6:3, RVR-77).

El bautismo en agua por inmersión representa la muerte al pecado, la separación del pecado y la resurrección a la vida nueva del creyente. En ese sentido espiritual Pablo dijo: «¿... en Cristo Jesús, hemos sido bautizados en su muerte? Fuimos, pues, sepultados juntamente con él para muerte por medio del bautismo, a fin de que como Cristo resucitó de los muertos por la gloria del Padre, así también nosotros andemos en novedad de vida» (Romanos 6:3, 4, RVR-77).

[Los candidatos para el bautismo en agua deben haber sido debidamente catequizados en las verdades doctrinales. Muchas iglesias acostumbran a que los candidatos ese día de bautismo vistan de blanco.

Los bautismos se realizan en ríos o en bautisterios dentro de los templos. Se bautizará de derecha a izquierda, y en los ríos en contra de la corriente, para facilitar el levantamiento del cuerpo.

Los bautizantes se pondrán la mano izquierda cubriéndose la nariz y la boca, y con la mano derecha se aguantarán la muñeca. El ministro apoyará la mano izquierda sobre la espalda y con la derecha le aguantará la mano izquierda del bautizante. Otra manera es que los bautizantes se pongan las manos en forma de equis (X) sobre el pecho. El ministro le pondrá la izquierda en la espalda y la derecha sobre las manos cruzadas.]

[El servicio religioso de la noche tendrá un devocional corto (15 minutos) y la predicación no debe alargarse

más de veinte minutos. Todo debe girar sobre la ceremonia a realizar.]

[El ministro o persona encargada mandará a los candidatos, una vez finalice la predicación, a ponerse en pie; y le hará varios encargos espirituales.]

Ministro: Al ser bautizado hoy, darás un público testimonio de tu fe y arrepentimiento, y de tu confesión de Jesucristo como *Rey* y *Señor.*

Candidato: Sí, lo hago. Que Dios me ayude.

Ministro: Al ser bautizado hoy, renuncias públicamente a tu vida pasada de pecado y reconoces que la sangre de Jesucristo te ha lavado de todos tus pecados, y que mediante el Espíritu Santo eres ahora santificado.

Candidato: Sí, lo hago. Que Dios me ayude.

Ministro: Al ser bautizado hoy, demuestras que desde este momento estarás bajo la guianza de un pastor, que ante Dios será responsable de tu vida espiritual; y que la Biblia será tu guía espiritual.

Candidato: Sí, lo hago. Que Dios me ayude.

[Mientras se entona un himno apropiado o coro, los candidatos según las instrucciones de los ujieres previamente dadas, marcharán hacia el bautisterio; entrarán al río. Según les vaya llegando el turno, el ministro oficiante o bautizador le dirá las palabras que siguen...]

Ministro: Hermano(a) *nombre de él o ella* , ¿confiesas que Jesucristo es tu Salvador y a Él te consagras a servirle?

Candidato: Sí, lo confieso, y a Él me consagro a servirle.

Ministro: Porque has confesado a Jesucristo como *Señor y Salvador*, te bautizo en el nombre del Padre, y del Hijo, y del Espíritu Santo.

[Después que todos hayan sido bautizados, se hará una oración de despedida. Los candidatos darán testimonios de sus experiencias en sus respectivas congregaciones.]

9 ────────────────

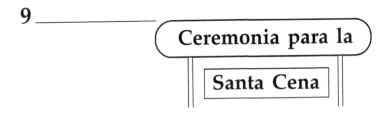

Ceremonia para la

Santa Cena

[Los diáconos preparan con anticipación los elementos, el jugo de uva y el pan. Todo debe estar sobre la mesa de la comunión. El programa religioso de la ocasión debe señalar hacia este evento.]

En cuanto a las veces durante el año que se debe tomar la *Santa Cena* queda a discreción de la dogmática denominacional, o de la práctica congregacional. Hay congregaciones que toman la *Santa Cena* todos los domingos. Otras un domingo al mes. Otras en días especiales como: *Día de Año Nuevo, Viernes Santo, Domingo de Resurrección* y *Día de Acción de Gracias.*

En relación a los participantes en algunas congregaciones sólo pueden participar los miembros de la misma. En otras a todos los que se haya bautizado con la fórmula trinitaria y que sean miembros de alguna congregación. Otras, por el contrario, le dan la *Santa Cena* a cualquiera.

[Sería importante que ese día se saque un tiempo previo para la oración y la autorreflexión. A los niños se les puede invitar a participar de esta tradición, acompañando a sus padres, y en lugar del jugo de uva y del pan, se les puede dar una uva.]

[El ministro invitará a los que van a participar para que se acerquen al altar. Hay lugares en que se toma la Santa Cena en los asientos. Se cantará un himno apropiado. Luego habrán algunos minutos de oración silenciosa o como se guste. Los diáconos u oficiales tomarán los lugares asignados por el ministro, y previamente serán instruidos sobre la ceremonia.]

[Ahora el ministro se preparará para dedicar los elementos a Dios. Debe levantar uno de los panes y consagrarlo. Luego levantará una copita con el jugo de uva y la consagrará.]

Ministro: Señor Jesucristo, conmemorando lo que hiciste en aquella última cena con tus discípulos en el cenáculo, donde tomando el pan lo bendeciste y tomando la copa diste gracia, ahora levanto este pan y lo consagro, y levanto esta copa y la consagro. Bendice estos elementos y te damos gracias.

[Acto seguido el ministro leerá esta porción bíblica.]

Ministro: Leemos en Mateo 26:26-29 lo siguiente: «Y mientras comían, tomó Jesús el pan y, tras pronunciar la bendición, lo partió, lo dio a sus discípulos, y dijo: Tomad, comed; esto es mi cuerpo. Y tomando la copa, y habiendo dado gracias, se la dio, diciendo: Bebed de ella todos; porque esto es mi sangre del nuevo pacto, que va a ser derramada por muchos, para remisión de los pecados. Y os digo que desde ahora no beberé más de este fruto de la vid, hasta aquel día en que lo beba nuevo con vosotros en el reino de mi Padre» (RVR-77).

[El ministro dará instrucciones para que se distribuya entre todos el pan. Se asegurará que todos lo hayan recibido. Los que reparten esperarán que el ministro les

sirva a ellos. El ministro con el pan en la mano dará lectura a 1 Corintios 11:23, 24. Es preferible que lo haga de memoria.]

Ministro: «Porque yo recibí de parte del Señor lo que también os he enseñado: Que el Señor Jesús, la noche que fue entregado tomó pan; y después de dar gracias, lo partió, y dijo: Tomad, comed; esto es mi cuerpo que por vosotros es partido; haced esto en memoria de mí» (RVR-77).

[El ministro aquí tomará el pan e invitará a los participantes a que lo partan con él.]

Ministro: Hermanos, coman del pan que simboliza el cuerpo de Jesucristo.

[El ministro dará instrucciones para que se distribuyan las uvas a los niños y a los demás la copa con el jugo de uva. Los que sirven esperarán que el ministro les dé a ellos la copa. El ministro dará lectura a 1 Corintios 11:25, 26. Es preferible que lo haga de memoria.]

Ministro: «Asimismo tomó también la copa, después de haber cenado, diciendo: Esta copa es el nuevo pacto en mi sangre; haced esto todas las veces que la bebáis, en memoria de mí. Porque todas las veces que comáis este pan, y bebáis esta copa, la muerte del Señor estáis proclamando hasta que él venga» (RVR-77).

[El ministro aquí tomará la copa e invitará a los participantes para que ingieran el jugo de la vid con él...]

Ministro: Hermanos, tomen del jugo de la vid que simboliza la sangre de Jesucristo.

[Se concluirá con un himno apropiado a la ocasión.]

10 _____

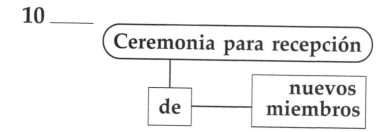

Ceremonia para recepción de nuevos miembros

[La recepción de nuevos miembros es siempre un momento de celebración dentro de las comunidades cristianas. El programa religioso para ese domingo debe estar a tono con la ceremonia.]

[El asistente a pastor o algún oficial principal debe presentar los candidatos al pastor. Éstos estarán en pie mirando al pastor y demás oficiales en el altar.]

Oficial principal: *Título y nombre del pastor* , aquí le quiero hacer presentación de los siguientes hermanos, los cuales, después de haber cumplido con los requisitos para membresía de esta iglesia, haber estudiado nuestra *Constitución y Reglamentos*, haber pasado por un tiempo como miembros a prueba, han sometido su aplicación o planilla de membresía. La oficialidad de la congregación los entrevistó. No hemos visto en ellos nada que les pueda impedir que sean recibidos como miembros en plena comunión de esta congregación con todos los derechos y privilegios que eso encierra. Sus nombres son los siguientes…

Pastor: En nombre de esta congregación *nombre de la misma,* yo *nombre del pastor* , acepto la recomendación que hoy hace usted de estos candidatos.
Las Sagradas Escrituras dicen lo siguiente al respecto:

«Y acudiendo asiduamente unánimes cada día al templo, y partiendo el pan por las casas, comían juntos con alegría y sencillez de corazón, alabando a Dios, y teniendo favor con todo el pueblo. Y el Señor añadía cada día a la iglesia a los que iban siendo salvos» (Hechos 2:46, 47, RVR-77).

«Y reconociendo la gracia que me había sido dada, Jacobo, Cefas y Juan, que eran considerados como columnas, nos dieron a mí y a Bernabé la diestra en señal de compañerismo...» (Gálatas 2:9, RVR-77).

[Ahora el pastor invitará a todos a inclinar las cabezas y hará oración.]

Pastor: Dios, que en el cumplimiento de los tiempos, después que tu Hijo Jesucristo murió para redención de la raza humana; mediante el Espíritu Santo levantaste a un grupo de redimidos conocido como la Iglesia; te rogamos por estos hermanos que ya son miembros de esa Iglesia universal, pero que hoy se hacen miembros de esta iglesia local, la cual es tu rebaño.

[El pastor se dirigirá a ellos para formularles algunas preguntas. Pero antes dirá a la congregación...]

Pastor: Si alguno de entre los aquí presentes sabe de alguna razón convincente por la cual alguno de estos candidatos no debe ser aceptado en la membresía de esta iglesia, hable ahora o calle para siempre.

Pastor: ¿Prometen ustedes, delante de Dios, serles fieles a Él, a esta congregación y al gobierno de la misma?

Candidato: Sí, lo prometo. Que me ayude Dios.

Pastor: ¿Prometen ustedes sostener la obra de Dios y el ministerio local mediante la entrega voluntaria de sus diezmos y ofrendas?

Candidato: Sí, lo prometo. Que me ayude Dios.

Pastor: ¿Prometen ustedes vivir una vida consecuente de fe y santidad, para no traer reproches sobre la Iglesia de Jesucristo?

Candidato: Sí, lo prometo. Que me ayude Dios.

Pastor: ¿Prometen ustedes someterse a la *Constitución y Reglamentos* de esta iglesia local y aceptar las Sagradas Escrituras como la regla infalible de fe y de conducta?

Candidato: Sí, lo prometo. Que me ayude Dios.

Pastor: Por cuanto ustedes se han comprometido con sus propias palabras; les aconsejo que cumplan con lo prometido y que los ayude Dios.

[Ahora el ministro invitará a la congregación para estar en pie.]

Pastor: Ante ustedes están estos hermanos que hoy piden ingresar a la membresía de esta congregación. Yo, como ministro de la misma, les doy a ellos la bienvenida en el nombre del Padre, y del Hijo, y del Espíritu Santo. ¡Que Dios los ayude!

Congregación: ¡Que los ayude Dios!

[El pastor irá a cada uno de ellos, les extenderá la mano derecha como señal de que han sido recibidos en la membresía. Ellos se voltearán mirando ahora a la congregación, mientras se canta un himno apropiado, los hermanos pasarán por filas y los saludarán. Sería muy bonito si luego se les entregara el certificado de membresía *y* tarjeta de miembro. *]*

11 _____

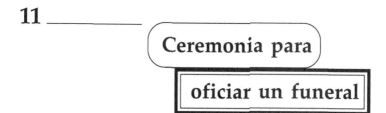

Ceremonia para

oficiar un funeral

[Aunque no es lo común, en los Estados Unidos, líderes y miembros destacados o reconocidos son velados en los templos. Es decir, se tienen una o dos noches de servicios religiosos. Los mismos se deben organizar con una guardia de honor; quienes vestirán de negro con blanco y en forma organizada marcharán hacia el féretro una vez que vaya a dar comienzo el servicio religioso. La guardia de honor consistirá de dos personas, uno se parará al lado izquierdo y el otro al lado derecho del ataúd, mirando hacia la congregación con sus Biblias en las manos. Los ministros que oficiarán deben ir marchando a la plataforma de dos en dos, frente al ataúd, se detendrán unos segundos y uno subirá a la plataforma por el lado izquierdo y el otro por el lado derecho. El servicio se concluirá con la marcha de salida de los mismos.]

[El día del funeral, propiamente cuando se enterrará al fallecido (es aconsejable que se hagan los arreglos con la casa funeraria para que los miembros fallecidos de la congregación sean traídos al templo ese día del entierro); el programa religioso debe ser escrito y tener una breve

reseña biográfica del difunto. El pastor debe predicar este día. Yo acostumbro a dar tarjetas a los deudos inmediatos, y que en las mismas me den contestación a la pregunta: ¿Qué significaron él o ella para usted? *Durante el sermón se comparte a manera de elegía.]*

[Al salir rumbo al cementerio, el vehículo del ministro seguirá a los vehículos de la funeraria. En Estados Unidos es costumbre encender las luces de los vehículos como señal de duelo y para dar aviso a otros vehículos de que se trata de una procesión funeraria.]

[Al llegar al cementerio, se esperará por todos. El ministro debe instruir a los sepultureros de cuándo quiere que bajen el ataúd. A continuación leerá algunas Escrituras, hará una oración a favor de los deudos por consolación divina y procederá con una pequeña ceremonia. Cuando el ataúd sea bajado, él invitará a los presentes a arrojar sus flores como un gesto de darle un último adiós a su ser querido.]

[En los Estados Unidos es costumbre que después del entierro se ofrezca una comida. El ministro debe asistir de serle posible.]

[Ahora deseo presentarle una corta ceremonia que se hará en el cementerio.]

Ministro: Hoy estamos aquí reunidos para decirle adiós a quien en vida fuera *nombre del fallecido(a)*, nuestro hermano(a) en la fe y consiervo(a) en la obra del Señor.

En el Salmo 23:1-6 leemos: «Jehová es mi pastor; nada me faltará. En lugares de delicados pastos me hará descansar; junto a aguas de reposo me pastoreará. Confortará mi alma; me guiará por sendas de justicia por amor de su nombre. Aunque pase por valle de sombra de muerte, no temeré mal alguno, porque tú estarás conmigo; tu vara y tu cayado me infundirán aliento. Aderezarás mesa delante de mí en presencia de mis adversarios; ungiste mi cabeza con aceite; mi copa está rebosando. Ciertamente la bondad y la misericordia me seguirán todos los días de mi vida, y en la casa de Jehová moraré por largos días» (RVR-77). En el Salmo 90:9 leemos: «Porque todos nuestros días marchan a su ocaso a causa de tu ira; se acaban nuestros años como un suspiro» (RVR-77).

[Si se prefiere se puede leer todo el Salmo 90.]
[Ahora el ministro invitará a los presentes a orar.]

Ministro: Dios, tú has sido nuestra fortaleza y nuestro consuelo en todos los momentos difíciles de nuestra vida. Te pedimos que llenes de fortaleza a los deudos de quien en vida fue*nombre del fallecido*, que en estos momentos andan por ese «valle de sombra de muerte». Dales tu ayuda y alúmbrales su camino de tristeza y de dolor. Amén.

En Juan 11:25 dijo el Señor Jesucristo: «Yo soy la resurrección y la vida; el que cree en mí, aunque haya muerto resucitará» (RVR-77).

En 1 Corintios 15:51-55 leemos: «He aquí, os digo un misterio: No todos dormiremos; pero todos seremos transformados, en un instante, en un abrir y cerrar de ojos, a la final trompeta; porque se tocará la trompeta, y los muertos serán resucitados incorruptibles, y nosotros seremos transformados. Porque es menester que esto corruptible sea vestido de incorrupción, y esto mortal sea vestido de inmortalidad. Y cuando esto corruptible se haya vestido de incorrupción, y esto mortal se haya vestido de inmortalidad, entonces se cumplirá la palabra que está escrita: Sorbida es la muerte con victoria. ¿Dónde está, oh muerte, tu victoria? ¿Dónde está, oh sepulcro, tu aguijón?» (RVR-77).

[El ministro le pedirá al sepulturero, si es posible, que baje el ataúd.]

Ministro: «No hay hombre que tenga potestad sobre su aliento para retener el aliento, ni potestad sobre el día de la muerte; y no valen armas en tal guerra, ni la impiedad librará al que la comete» (Eclesiastés 8:8, RVR-77).

Por cuanto a Dios le plació en su suprema voluntad, el llamar al cielo a nuestro(a) hermano(a) querido(a) *nombre de él o ella* ; nosotros, aunque con dolor y llanto, aceptamos su voluntad. Por lo tanto, ahora, encomendamos su cuerpo a la tierra, el polvo al polvo y la ceniza a la ceniza; hasta aquel día cuando todos los muertos en Cristo Jesús habrán de resucitar, de los cuales uno será nuestro(a) hermano(a).

[Acto seguido el ministro invitará a todos a que arrojen la flor que tienen en las manos sobre el ataúd. Después que las flores hayan sido arrojadas, el ministro pronunciará la bendición pastoral.]

Ministro: «La gracia del Señor Jesucristo, el amor de Dios, y la comunión del Espíritu Santo sean con todos vosotros. Amén» (2 Corintios 13:13, RVR-77).

Todos: Y con tu espíritu también.

12 ⸻⸻⸻⸻⸻

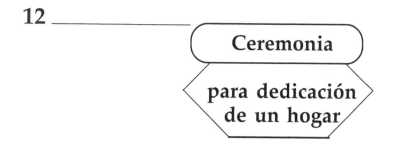

Ceremonia

para dedicación
de un hogar

[En los Estados Unidos se ha hecho común la dedicación de hogares. Cuando un miembro de la iglesia se muda a una nueva casa o apartamento, siempre desea que su pastor le dedique ese nuevo hogar.

A ese servicio de dedicación de un hogar, por lo general, va un grupo de hermanos, se cantan algunos cánticos de adoración, y se hacen algunas oraciones voluntarias. Luego el ministro procederá a la dedicación de este nuevo hogar.]

Ministro: Hoy nos hemos reunido en el hogar de los hermanos *apellido de ellos*, para dedicar a Dios este su nuevo hogar, e implorar que su presencia venga a reinar en este lugar.

En Lucas 10:38 leemos: «Aconteció que yendo *[Jesús]* de camino, entró en una aldea; y una mujer llamada Marta le recibió en su casa» (RVR-77).

En Lucas 19:5 y 9 leemos: «Cuando Jesús llegó a aquel lugar, mirando hacia arriba, le vio, y le dijo: Zaqueo, date prisa, desciende, porque hoy tengo que hospedarme en tu casa… Jesús le dijo: Hoy ha venido la salvación a esta casa…» (RVR-77).

En Mateo 8:14, 15 leemos: «Habiendo entrado Jesús en casa de Pedro, vio a la suegra de éste postrada en cama, con fiebre. Le tocó la mano, y la dejó la fiebre; y ella se levantó, y les servía» (RVR-77).

[Ahora el ministro los invitará a estar de pie.]

Ministro: Para que aquí reine la paz y el amor de Dios; y su presencia sea siempre manifiesta.

Todos: Dedicamos este hogar.

Ministro: Para que aquí se ore y se invoque la presencia de Dios, y se viva con toda reverencia hacia el nombre de Dios.

Todos: Dedicamos este hogar.

Ministro: Para que aquí las fuerzas malignas no tengan entrada, y todo mal sea desarraigado.

Todos: Dedicamos este hogar.

Ministro: Para que aquí el Señor Jesucristo sea el Huésped invisible y el Señor de este hogar.

Todos: Dedicamos este hogar.

[El ministro ahora procederá a la dedicación oficial del hogar.]

Ministro: Para la gloria de Dios, dedicamos este hogar en el nombre del Padre, del Hijo y del Espíritu Santo.

«La gracia del Señor Jesucristo, el amor de Dios, y la comunión del Espíritu Santo sean con todos vosotros. Amén» (2 Corintios 13:13, RVR-77).

Todos: Y con tu espíritu también.

Nota: Esta ceremonia de dedicación de un hogar puede ser adaptada para la dedicación de algún centro cristiano, oficina de ministerio, etc…

13 _____

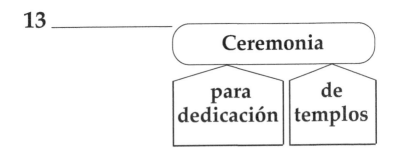

Ceremonia

para dedicación | de templos

[Es parte de la tradición de la Iglesia la dedicación de templos. El programa religioso para esa ocasión debe girar alrededor de dicho evento. No se debe mezclar con ninguna otra actividad o programa (ej. día del pastor, noche de avivamiento, instalación de un pastor...). Los participantes ocuparán su lugar en la plataforma.]

[El ministro oficiante cuando se le dé su parte invitará a las personas presentes a estar de pie y dará lectura a varios pasajes bíblicos.]

Ministro: Hoy estamos aquí congregados para hacer solemne dedicación de este templo a Dios como su casa espiritual, donde su presencia se manifiesta y los creyentes tienen comunión con Él. Las Sagradas Escrituras leen al particular:
En el Salmo 100:1-5 leemos: «Cantad alegres a Dios, habitantes de toda la tierra. Servid a Jehová con alegría; venid ante su presencia con regocijo. Reconoced que Jehová es Dios; Él nos hizo, y no nosotros a no-

sotros mismos; pueblo suyo somos, y ovejas de su prado. Entrad por sus puertas con acción de gracias, por sus atrios con alabanza; alabadle, bendecid su nombre. Porque Jehová es bueno; para siempre es su misericordia, y su verdad por todas las generaciones» (RVR-77).

En 2 Crónicas 6:18-20 leemos: «Mas ¿es verdad que Dios habitará con el hombre en la tierra? He aquí, los cielos y los cielos de los cielos no te pueden contener; ¿cuánto menos esta casa que he edificado? Mas tú mirarás a la oración de tu siervo, y a su ruego, oh Jehová Dios mío, para oír el clamor y la oración con que tu siervo ora delante de ti. Que tus ojos estén abiertos sobre esta casa de día y de noche, sobre el lugar del cual dijiste: Mi nombre estará allí; que oigas la oración con que tu siervo ora en este lugar» (RVR-77).

En 2 Crónicas 6:40-42 leemos: «Ahora, pues, oh Dios mío, te ruego que estén abiertos tus ojos y atentos tus oídos a la oración en este lugar. Oh Jehová Dios, levántate ahora para habitar en tu reposo, tú y el arca de tu poder; oh Jehová Dios, sean vestidos de salvación tus sacerdotes, y tus santos se regocijen en tu bondad. Jehová Dios, no rechaces a tu ungido; acuérdate de tus misericordias para con David, tu siervo» (RVR-77).

En 2 Crónicas 7:1-3 leemos: «Cuando Salomón acabó de orar, descendió fuego de los cielos, y consumió el holocausto y las víctimas; y la gloria de Jehová llenó la casa. Y no podían entrar los sacerdotes en la casa de Jehová, porque la gloria de Jehová había llenado la casa de Jehová. Cuando vieron todos los hijos de Israel descender fuego y la gloria de Jehová sobre la casa, se postraron sobre sus rostros en el pavimento y adoraron, y alabaron a Jehová, diciendo: Porque él es bueno, y su misericordia es para siempre» (RVR-77).

Congregación: Haz, Jehová, que tu gloria venga sobre este lugar.

[El ministro oficiante mandará que la congregación se mantenga en pie; e invitará a un ministro visitante o él mismo, para hacer una oración.]

Visitante: Dios, en este día, que inaugura un capítulo más en la vida espiritual de esta congregación, cuando a ti dedicaremos este lugar, te rogamos que a bien tengas recibir todo lo que aquí se hace; y que hagas de este lugar morada espiritual para ti. Amén.

Congregación: Haz, Jehová, que tu gloria venga sobre este lugar.

[El ministro ahora tomará su parte e invitará a la oficialidad de la congregación local, a que se acerque al altar y procederá a la dedicación del templo.]

Ministro: A Dios damos gracias por habernos ayudado en la preparación de este lugar, y por habernos suplido las finanzas para realizar este proyecto; y hoy, queremos dedicarle esta casa para gloria y alabanza de su nombre.

Congregación: Haz, Jehová, que tu gloria venga a este lugar.

Ministro: Este templo lo dedicamos a Dios, para enseñar su Palabra y predicar el evangelio.

Congregación: Haz, Jehová, que tu gloria venga a este lugar.

Ministro: Este templo lo dedicamos a Dios, como casa de refugio espiritual para los desamparados, los afligidos, los heridos espiritualmente, y para socorro de todos aquellos que buscan consuelo espiritual.

Congregación: Haz, Jehová, que tu gloria venga a este lugar.

Ministro: Este templo lo dedicamos a Dios, para desde aquí cantar himnos y cánticos, dar alabanzas a su nombre y adorar su gloria.

Congregación: Haz, Jehová, que tu gloria venga a este lugar.

Ministro: Este templo lo dedicamos a Dios, para que en el mismo haya unidad entre los creyentes; para que no hayan contiendas, celos o envidias; sino que Jesucristo sea glorificado y su nombre exaltado.

Congregación: Haz, Jehová, que tu gloria venga a este lugar.

Ministro: Este templo lo dedicamos a Dios, para que aquí el Espíritu Santo edifique una iglesia espiritual, poderosa, llena de los dones y que sea luz y sal en el mundo.

Congregación: Haz, Jehová, que tu gloria venga a este lugar.

Ministro: Este templo lo dedicamos a Dios, para que aquí se hagan oraciones y ruegos por los perdidos, los enfermos, los necesitados y los afligidos.

Congregación: Haz, Jehová, que tu gloria venga a este lugar.

Todos juntos: En el nombre del Padre, del Hijo y del Espíritu Santo, consagramos y dedicamos esta casa como morada de la presencia divina, y casa de reunión espiritual para la iglesia, ahora y siempre.

[Sería recomendable concluir con un cántico de adoración.]

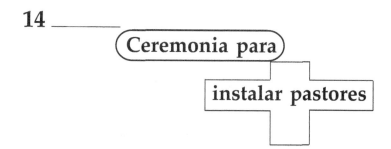

(Ceremonia para)

instalar pastores

[Las iglesias evangélicas tienen la tradición de instalar a los pastores una vez que terminan su interinato. Los líderes denominacionales, en acuerdo con la oficialidad o comité de púlpito local, determinan la fecha y hora para la ceremonia de instalación. Ese programa religioso no se debe mezclar con ninguna otra actividad, para no desmerecer el mismo. En los concilios pentecostales, los presbíteros de secciones son los encargados de hacer las instalaciones. En otros grupos religiosos lo hacen los supervisores de distrito...

La predicación debe estar a cargo de uno de los oficiales de la denominación a concilio. Al igual que los cánticos, debe apuntar hacia este evento. Una vez que se concluye lo preliminar se le entregará al oficial a cargo. Ésa no debe ser una noche para estar dándole parte a cualquiera que lo pida, sino a aquellos que se les solicite.]

Ministro oficiante: Hoy estamos aquí con el propósito de ser testigos de un evento que será incluido en las minutas históricas de esta iglesia. Cuando él (la)*título y nombre* será oficialmente instalado(a) como pastor(a) de esta congregación. El pastorado es un oficio muy sagrado, lleno de responsabilidades y marcado por sus retos.

[Inmediatamente el ministro oficiante invitará a los presentes a estar en pie y dará lectura a las Sagradas Escrituras.]

En 1 Timoteo 4:1-5 leemos: «Te encargo solemnemente delante de Dios y del Señor Jesucristo, que va a juzgar a los vivos y a los muertos por su manifestación y por su reino, que prediques la palabra; que instes a tiempo y fuera de tiempo; redarguye, reprende, exhorta con toda paciencia y enseñanza. Porque vendrá tiempo cuando no sufrirán la sana doctrina, sino que teniendo comezón de oír, acumularán para sí maestros conforme a sus propias concupiscencias, y apartarán de la verdad el oído y se volverán a las fábulas. Pero tú sé sobrio en todo, soporta las aflicciones, haz obra de evangelista, cumple tu ministerio» (RVR-77).

[Ahora el ministro oficiante invitará a la oficialidad que de pie frente al altar y mirándolo a él, como representantes de toda la congregación se comprometan con los encargos que se les harán. Toda la congregación estará en pie.]

Ministro oficiante: Hermanos, líderes y miembros de esta congregación, les encargo, delante de Dios, que cumplan con sus responsabilidades y deberes para con este pastor.

Congregación: Sí lo haremos, y que Dios nos ayude.

Ministro oficiante: Hermanos, líderes y miembros de esta congregación, les encargo, delante de Dios, que sostengan con sus oraciones y finanzas el ministerio de este siervo que hoy será instalado como su pastor.

Congregación: Sí lo haremos, y que Dios nos ayude.

Ministro oficiante: Hermanos, líderes y miembros de esta congregación, les encargo, delante de Dios, que se comprometan a ser fieles y a respetar a su pastor, porque habrán de dar cuentas a Dios por su ungido.

Congregación: Sí lo haremos, y que Dios nos ayude.

Ministro oficiante: Que así sea y que Dios les ayude.

[El ministro oficiante pedirá a los oficiales que retornen a sus asientos y pedirá al pastor que será instalado que se ponga en pie y que se comprometa con los encargos que él le hará. Toda la congregación permanecerá sentada.]

Ministro oficiante: *Título y nombre de la persona que será instalada*, te encarezco delante del Señor Jesucristo que cumplas con tu ministerio, porque habrás de dar cuentas a Dios.

Pastor(a): Sí lo haré, con la ayuda de Dios.

Ministro oficiante: *Título y nombre de la persona que será instalada,* te encarezco delante del Señor Jesucristo que veles por este rebaño, consuela a los afligidos, busca a los extraviados, alimenta a los hambrientos espiritualmente, y protege a las ovejas del lobo que las zarandea.

Pastor(a): Sí lo haré, con la ayuda de Dios.

Ministro oficiante: *Título y nombre de la persona que será instalada*, te encarezco delante del Señor Jesucristo que nunca te apartes de las enseñanzas del libro sagrado, que lo leas, que lo enseñes, que lo prediques, y por sobre todo que lo vivas.

Pastor(a): Sí lo haré, con la ayuda de Dios.

Ministro oficiante: Que así sea y que Dios te ayude.

[Ahora invitará a la congregación a ponerse en pie. Le pedirá al pastor(a) que será instalado que se arrodille en el altar, y a los ministros del altar que pongan sus manos sobre él (ella) y le ungirán en la frente con aceite.]

Ministro oficiante: A ti, oh Dios, que te ha placido apartar éste(a) hombre (mujer) para este oficio del pastorado, te pedimos ahora que tu Santo Espíritu le unja y le ayude a cumplir con su ministerio. Ahora, lo consagramos al pastorado en el nombre del Padre, en el nombre del Hijo, y en el nombre del Espíritu Santo.

[El ministro oficiante pedirá al pastor(a) instalado que baje de la plataforma e invitará a los presentes para que pasen y lo saluden; mientras se entona un cántico apropiado. Si se desea, acto seguido después de la oración de consagración, se le puede entregar simbólicamente la Biblia del púlpito y decirle: «Te entrego esta Biblia para que la uses y alimentes el rebaño del Señor.» También se le puede entregar simbólicamente la llave del templo y decirle: «Te entrego esta llave para que abras y cierres el templo del Señor Jesucristo.»]

15

Ceremonia para
ordenación de ancianos

[*Muchas congregaciones evangélicas funcionan con juntas de* Ancianos Gobernantes. *Sus funciones se relegan más bien a las áreas de administración y de dirección espiritual para la congregación; quienes en unión al pastor, y bajo la autoridad espiritual de éste, atienden las necesidades del rebaño.*

Los Ancianos Gobernantes, *o junta de ancianos, aparecen muy temprano en el gobierno de la iglesia primitiva. Su nombramiento venía directamente de los apóstoles (Hechos 14:23; Tito 1:5). Su función era muy parecida a la de un pastor moderno. Tal parece que las congregaciones primitivas eran dirigidas por una junta de ancianos, y con el correr del tiempo, fue emergiendo la figura de un pastor, pasando éstos a ocupar un puesto secundario.*

En 1 Timoteo 5:17 se usa la expresión: «Los ancianos que gobiernan bien, sean tenidos por dignos de doble honor, principalmente los que trabajan en predicar y enseñar» (RVR-77). Su mención la podemos leer en Hechos 15:4, 23; 20:17.

El puesto de ancianato *es vitalicio; contrario al* diaconado, *cuyos integrantes son nominados y elegidos (Hechos 6:3 cf. 6:5). Sólo podrán ser removidos de su función por incompetencia, inmoralidad, insubordinación, herejías, renuncia, traslado o muerte.*

Entre las funciones del ancianato *están: (1) La de trabajar brazo a brazo con el pastor por el bienestar espiritual de la congregación. (2) La de ser personas espirituales que posean la capacidad de tomar decisiones,* que *sepan estar bajo autoridad y que también puedan ejercer la autoridad delegada. (3) La de constituirse en comité de púlpito en caso de una vacante pastoral, que colaborarán con sus líderes denominacionales o conciliares en la selección de candidatos. (4) La de constituirse en comité nominativo para presentar candidatos a ser electos en los diferentes puestos de la congregación. (5) La de presentar un informe financiero y un presupuesto en la asamblea anual de la iglesia. (6) Otras funciones asignadas por el pastor.]*

[El proceso de ordenación para un Anciano *es muy similar al del diaconado. Se celebrará un servicio especial, preferiblemente domingo, y el pastor oficiará la ceremonia. Para cada vacante de un* Anciano *se debe ordenar al ingresado. Si es un* ancianato *que se instalará por vez primera, la ceremonia se le hará a todos.]*

Pastor: Amados hermanos, líderes y miembros de esta congregación, hoy mi corazón rebosa de alegría al presentarles a ustedes al hermano(a) *nombre de él o ella,* quien por voluntad del Espíritu Santo será ordenado *Anciano(a)* de esta congregación.

En las Sagradas Escrituras se nos dice de los *ancianos*: «Por esta causa te dejé en Creta, para que acabases de poner en orden lo que faltaba, y constituyeses ancianos en cada ciudad, como yo te ordené; el que sea irreprensible, marido de una sola mujer, y tenga hijos creyentes, que no estén acusados de disolución ni de rebeldía» (Tito 1:5, 6, RVR-77).

El *Anciano* «debe ser irreprensible, como administrador de Dios; no arrogante, no iracundo, no dado al vino, no pendenciero, no codicioso de ganacias deshonestas, sino hospedador, amante de lo bueno, sensato, justo, santo, dueño de sí mismo, retenedor de la palabra fiel tal como ha sido enseñada, para que también pueda exhortar con sana doctrina y redargüir a los que contradicen» (Tito 1:7-9, RVR-77).

[Ahora el pastor le hará los encargos al   Anciano.]

Pastor: Hermano(a) *nombre de él o ella*, ¿te comprometes a servir a la iglesia de Jesucristo; a velar por el cuidado espiritual de tus hermanos; y a atender las necesidades de los hijos de Dios?

Candidato: Sí, me comprometo. Que Dios me ayude.

Pastor: Hermano(a) *nombre de él o ella*, ¿te comprometes a ser fiel a Dios, a tu iglesia, a tu pastor; y cumplirás con la *Constitución y Reglamento* de esta congregación?

Candidato: Sí, me comprometo. Que Dios me ayude.

Pastor: Hermano(a) *nombre de él o ella*, ¿te comprometes a ser un ejemplo espiritual de tus hermanos; y te cuidarás de no hacer nada que pueda traer reproches sobre la iglesia del Señor Jesucristo?

Candidato: Sí, me comprometo. Que Dios me ayude.

Pastor: Que Dios te ayude.

[El pastor invitará a la congregación a inclinar sus cabezas y él orará por el candidato...]

Pastor: Dios, te ruego en el dulce y poderoso nombre de Jesús de Nazaret, que bendigas a mi hermano(a) *nombre de él o ella* , y que le ayudes a cumplir con las promesas que ha hecho. Dale tu gracia y favor para que pueda realizar la tarea del *ancianato*. Amén.

[Ahora el pastor lo invitará a que se arrodille. Si hay otros ancianos le impondrán las manos. El pastor en la frente le ungirá con aceite.]

Pastor: Hermano(a) *nombre de él o ella*, como pastor de la iglesia de Jesucristo, de la cual tú formas parte en este lugar, y a quien el Espíritu Santo ha escogido para el *ancianato* local; yo te unjo *Anciano Gobernante* en el nombre del Padre, y del Hijo, y del Espíritu Santo. Amén.

[Mientras se entona un cántico, los hermanos por filas pasarán a felicitar al Anciano Gobernante*.]*

Nota: Esta misma ceremonia se puede adaptar para la instalación de síndicos u oficiales de la congregación local.

16

Ceremonia para

ordenación de diáconos

[El ministro preparará un servicio especial cada año para la ordenación de nuevos diáconos. Aquellos que ya han sido ordenados como diáconos, y han salido de nuevo reelectos o nombrados, no necesitan que se les unja de nuevo. Pero también pasarán al altar con los nuevos candidatos.

La congregación debe ver esto como un acto especial en la vida de la misma, ya que el oficio del diaconado es uno de los más antiguos en la historia de la iglesia.]

Ministro: Amados hermanos, hoy estamos aquí reunidos con el firme propósito de ungir como diáconos de nuestra congregación a los siguientes hermanos en la fe:

[Aquí el ministro pedirá a la secretaria de la iglesia que lea los nombres.]

Las Sagradas Escrituras nos enseñan que en la Iglesia Primitiva se elegía a personas de entre los creyentes, «de buen testimonio, llenos del Espíritu Santo y de sabiduría» (Hechos 6:3, RVR-77), y luego de ser presentados a los apóstoles eran ungidos para tan sagrado oficio en el Señor.

En Hechos 6:1-7 leemos: «En aquellos días, al aumentar el número de los discípulos, hubo murmuración de los griegos contra los hebreos, de que las viudas de aquéllos eran desatendidas en la distribución diaria. Entonces los doce convocaron a la multitud de los discípulos, y dijeron: No es conveniente que nosotros dejemos la palabra de Dios, para servir a las mesas. Buscad, pues, hermanos, de entre vosotros a siete varones de buen testimonio, llenos del Espíritu Santo y de sabiduría, a quienes encarguemos de este trabajo. Y nosotros nos dedicaremos asiduamente a la oración y al ministerio de la palabra...» (RVR-77).

En 1 Timoteo 3:8-13 se describen los requisitos para aquellos que han de ejercer el diaconado: «Los diáconos asimismo deben ser personas respetables, sin doblez de palabra, o dados a mucho vino, no codiciosos de ganancias deshonestas; que guarden el misterio de la fe con limpia conciencia. Y éstos también sean sometidos a prueba primero, y entonces ejerzan el diaconado, si son irreprensibles. Las mujeres asimismo sean dignas, no calumniadoras, sino sobrias, fieles en todo. Los diáconos sean maridos de una sola mujer, y que gobiernen bien sus hijos y sus casas. Porque los que han ejercido bien el diaconado, obtienen para sí una posición honrosa, y mucha confianza en la fe que es en Cristo Jesús» (RVR-77).

[El ministro se dirigirá ahora a la congregación y explicará el proceso de cómo fueron elegidos o nominados los candidatos al diaconado.]

[Acto seguido el ministro hará una oración.]

Ministro: Padre y Dios nuestro, en esta hora a ti elevamos nuestros corazones en sincero ruego y súplica. Te imploramos que bendigas de manera especial el acto de ungimiento que estaremos haciendo con este grupo que serán separados de entre la grey para que ejerzan el tan sagrado oficio del diaconado. Amén.

[El ministro se dirigirá a la congregación.]

Ministro: Si entre los aquí presentes hay alguien que pueda presentar alguna razón convincente para descartar alguno de estos candidatos para el diaconado, hable ahora o calle para siempre.

[El ministro ahora se dirigirá a los candidatos.]

Ministro: Ahora me dirijo a ustedes, que habiendo sido elegidos, hoy están preparados para ser ungidos como diáconos de esta congregación.

[A las preguntas del ministro ellos responderán: «Sí, lo prometo.»]

Ministro: ¿Prometen ustedes honrar con su testimonio el sagrado oficio al cual son llamados?
¿Prometen ustedes ser fieles en sus responsabilidades como miembros de esta congregación y velar por orden y la reverencia en la casa de Dios?
¿Prometen ustedes visitar a los enfermos, consolar a los tristes, dar ayuda a los necesitados?
¿Prometen ustedes promover el espíritu de adoración, fomentar la unidad entre los hermanos, y trabajar por el crecimiento de la obra del Señor?
¿Prometen ustedes ser fieles al Señor Jesucristo, al pastor local y al gobierno de esta congregación?
Habiendo ustedes hecho votos delante de Dios, ante

el gobierno de esta congregación y ante los miembros aquí presentes; yo, como pastor de esta congregación del Señor, y a nombre de cada miembro, les recibo para la tarea que habéis sido separados.

[Acto seguido el ministro los invitará a arrodillarse, y los ancianos de la iglesia o junta de síndicos, dependiendo del gobierno congregacional, pondrán sus manos sobre ellos, y el pastor los ungirá con aceite sobre sus frentes. La fórmula de ungimiento será aplicada a cada candidato.]

Ministro: Hermano *nombre de cada candidato*, por cuanto al Señor Jesucristo le ha placido separarte para este ministerio del diaconado. Yo, como pastor de la iglesia del Señor, te unjo en el nombre del Padre, del Hijo y del Espíritu Santo.

[El ministro los mandará a ponerse en pie de frente a la congregación.]

Ministro: Ante la iglesia del Señor Jesucristo presento los diáconos de la misma.

[El ministro finalizará con la bendición pastoral.]

«Y a aquel que es poderoso para guardaros sin caída, y presentaros sin mancha delante de su gloria con gran alegría, al único y sabio Dios, nuestro Salvador, sea gloria y majestad, dominio y autoridad, ahora y por todos los siglos. Amén» (Judas 24-26, RVR-77).

17

Ceremonia para
ordenación de ministros

[En las congregaciones evangélicas el candidato para la ordenación, debe haber cumplido con los requisitos de la misma. Es decir, haber cumplido con los requisitos académicos y teológicos; en algunas. En otras, haber sido promovido en los diferentes rangos como obrero: exhortador, predicador, predicador licenciado. En esa ceremonia estará presente el presbiterio o comité de ordenación seleccionado. Los candidatos marcharán a la plataforma, precedidos del cuerpo ejecutivo, presbiterio o comité de ordenación.

Allí, en sillas separadas con ese propósito de ordenación, se sentarán de frente a la congregación y todos juntos. Los candidatos deben vestir traje negro, camisa blanca y corbata negra, o si prefieren usar el cuello clerical.]

[El Secretario General o representante del presbiterio o comité de ordenación, presentará los candidatos al Presidente, Obispo, Supervisor o Superintendente u Oficial encargado de la ceremonia.]

Secretario General: Señor *título y nombre*, en representación de este presbiterio, y a nombre de nuestra organización *nombre de la misma* , deseo hacer presentación de los siguientes candidatos: *nombre y apellido de cada uno de ellos* . Ellos, después de haber cumplido con los requisitos de nuestra organización y de haber aprobado el examen que se les hace individualmente a cada candidato, han demostrado estar capacitados para recibir el grado de ser ordenados al completo ministerio.

[Acto seguido el oficial encargado tomará su parte y mandará a los candidatos a tomar nuevamente su asiento, los cuales estuvieron de pie durante la presentación de él.]

Oficial encargado: Hoy, ustedes son presentados a mí para ser reconocidos públicamente como candidatos al ministerio ordenado. Las Sagradas Escrituras al particular declaran:
«Procura con diligencia presentarte a Dios aprobado, como obrero que no tiene de qué avergonzarse, que traza rectamente la palabra de verdad» (2 Timoteo 2:15, RVR-77).
«Ten cuidado de ti mismo y de la enseñanza; persiste en ello, pues haciendo esto, te salvarás a ti mismo y a los que te escuchen» (1 Timoteo 4:16, RVR-77).
«No impongas con ligereza las manos a ninguno, ni participes en pecados ajenos. Consérvate puro» (1 Timoteo 5:22, RVR-77).
«Te encargo solemnemente delante de Dios y del Señor Jesucristo, que va a juzgar a los vivos y a los muertos por su manifestación y por su reino, que prediques la palabra; que instes a tiempo y fuera de tiempo; redarguye, reprende, exhorta con toda paciencia y enseñanza» (2 Timoteo 4:1, 2, RVR-77).

[El oficial invitará a todos los presentes a inclinar las cabezas para orar.]

Oficial encargado: Dios y Padre de nuestro Señor Jesucristo, quien como Hijo amado vino a esta tierra como Ministro Ordenado a cumplir con el ministerio de la redención humana; te pedimos en esta hora a favor de estos candidatos a la ordenación, a fin de que derrames el aceite de unción espiritual sobre ellos, para que puedan ser tus representantes en ese oficio tan sagrado como lo es el ministerio ordenado. Amén.

[Ahora el oficial encargado les hará el encargo del Código de Ética Ministerial.*]

Oficial encargado: Por la bendita gracia del Todopoderoso Padre Celestial serás un ministro del Santo Evangelio de nuestro Señor Jesucristo, escogido para proclamar sus gloriosas verdades hasta donde te sea posible.
También gozarás del privilegio de ser miembro fiel de nuestra comunidad de redimidos por la sangre de nuestro Señor Jesucristo, en el oficio sagrado del ministerio ordenado.
Por lo tanto, voluntariamente te someterás a los principios y reglas de conducta de nuestra organización, creyendo que con la ayuda del Espíritu Santo serás un dechado o ejemplo para aquellos a los cuales esperas guiar y servir.

Candidato: Así sea, que me ayude Dios.

[Ahora el oficial encargado hará las preguntas ministeriales a los candidatos.]

Oficial encargado: ¿Prometes que la Biblia será tu libro favorito, y que con profunda meditación y oración estudiarás su contenido?

Candidato: Sí lo prometo, que me ayude Dios.

Oficial encargado: ¿Prometes vivir conforme a tus ingresos económicos y evitarás el incurrir en deudas que no puedas pagar en un plazo dado?

Candidato: Sí lo prometo, que me ayude Dios.

Oficial encargado: ¿Prometes tener cuidado en decir siempre la verdad, ya que por la gracia de Dios eres un hijo de la verdad?

Candidato: Sí lo prometo, que me ayude Dios.

Oficial encargado: ¿Prometes no caer en avaricia de dinero y conformarte con lo que Dios te asigne para tu sostenimiento?

Candidato: Sí lo prometo, que me ayude Dios.

Oficial encargado: ¿Prometes cuidar tu testimonio para no traer reproches sobre tu persona o la organización que representas, alejándote todo lo más posible de toda apariencia de pecado?

Candidato: Sí lo prometo, que me ayude Dios.

Oficial encargado: ¿Prometes imitar a Cristo, tu Salvador y Maestro, en tus tratos personales hacia los demás, sin importar raza, clase social o credo?

Candidato: Sí lo prometo, que me ayude Dios.

[En este momento el oficial encargado le leerá los encargos ministeriales.]

Oficial encargado: Respaldarás a tus compañeros en todo tiempo y nunca divulgarás sus faltas. Sólo tu Padre Celestial las escuchará en tus súplicas diarias.

Candidato: Así espero, que me ayude Dios.

Oficial encargado: No invadirás el campo donde otro compañero esté trabajando.

Candidato: Así espero, que me ayude Dios.

Oficial encargado: No tolerarás murmuraciones en contra de tus compañeros en el ministerio, ni admitirás reproches sobre ellos de los miembros de la congregación.

Candidato: Así espero, que me ayude Dios.

Oficial encargado: No sentirás celos ni envidia por la prosperidad de otro compañero en el ministerio.

Candidato: Así espero, que me ayude Dios.

Oficial encargado: Cuidarás la congregación como si fuera tu propia vida, reconociendo que la Iglesia es el Cuerpo de nuestro Señor Jesucristo en la tierra.

Candidato: Así espero, que me ayude Dios.

Oficial encargado: Serás paciente para con los débiles e ignorantes, pero nunca tolerarás o consentirás pecado.

Candidato: Así espero, que me ayude Dios.

Oficial encargado: Los secretos y confidencias que te confiesen los hermanos de la iglesia, no los divulgarás bajo ninguna circunstancia. Irán contigo a la tumba.

Candidato: Así espero, que me ayude Dios.

Oficial encargado: Lucharás porque tu iglesia sienta profundo amor y respeto a los oficiales de tu organización.

Candidato: Así espero, que me ayude Dios.

Oficial encargado: Así sea, que te ayude Dios.

[El oficial encargado con la botija de aceite en su mano, se dirigirá a cada candidato. El candidato podrá ser ungido sentado, de rodillas o de pie, la manera depende del oficial encargado. En nuestra organización los ungimos sentados y asignamos dos ministros para cada candidato. Uno le derramará el aceite encima y el otro le secará la cabeza con servilletas del aceite derramado. Ambos se ubican detrás del candidato, de esta manera la congregación puede ver bien el acto.
Cuando son ungidos de rodillas, el oficial encargado les derramará aceite sobre sus cabezas, y los miembros del presbiterio le impondrán las manos.]

Oficial encargado: *Nombre del candidato*, por cuanto le plació a Dios separarte de entre los hombres para este santo ministerio; con la autoridad que me confiere este presbiterio y *nombre de la organización* , yo te unjo en el nombre del Padre, te unjo en el nombre del Hijo y te unjo en el nombre del Espíritu Santo como ministro con todos los derechos y privilegios que desde ahora en adelante te corresponden. Y que te ayude Dios.

[Tan pronto terminen los ungimientos, el oficial encargado presentará a los candidatos ante la congregación con el título recibido.]

Oficial encargado: Por la gracia bendita de Dios, ahora les presento al *título y nombre completo* , recíbanlo y ayúdenlo a cumplir con su ministerio.

Congregación: Así lo haremos, que nos ayude Dios.

[El acto terminará con un himno apropiado para la ocasión, y luego los presentes pasarán a abrazar a los nuevos ministros al altar. Deben pasar por filas y así se mantendrá el orden...]

* Todo este *Código de Ética Ministerial* , las preguntas a los candidatos y los encargos ministeriales, los he adaptado de la *Constitución y Reglamento* del *Concilio Internacional de Iglesias Pentecostales de Jesucristo* , pp. 48-51, con la debida autorización.

18 ——————————

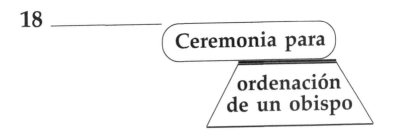

Ceremonia para

ordenación
de un obispo

[En muchas iglesias evangélicas se practica la ceremonia de ordenación para el oficio espiritual de obispo *(1 Timoteo 3:1-7). La palabra «obispo» se traduce del griego* episkopes *(«cargo de supervisor», 1 Timoteo 3:1) y* episkopous *(«por sobreveedores», «por supervisores», Hechos 20:28). Por lo tanto, los títulos de superintendente, presidente, supervisor, tal como se aplican a los líderes denominacionales o conciliares, corresponden al título de «obispos».*

Aquellos que son electos para el oficio del obispado como líderes denominacionales o conciliares, deberían públicamente ser ordenados e investidos para ese oficio. Para ese servicio de ordenación al obispado por vez primera, se deben reunir los pastores que estarán bajo su supervisión, congregaciones afiliadas a la denominación o concilio, y se debe invitar a otros líderes denominacionales o conciliares para que participen de la ceremonia de ordenación. El programa religioso de la ocasión debe estar dirigido hacia ese propósito. Uno de los obispos debe ser el portador del mensaje bíblico.]

Obispo oficiante: Hoy estamos aquí reunidos para juntos ser testigos de la ordenación como obispo del Rev. *nombre de él*, al oficio sagrado al cual ha sido llamado por el Señor Jesucristo y elegido por el Espíritu Santo.

[Uno de los líderes presentes, previamente avisado, se pondrá en pie y hará una oración, preferiblemente escrita, a favor del nuevo obispo.]

Obispo oficiante: Sobre el ministerio espiritual del obispo el apóstol Pablo declaró:
«Por tanto, mirad por vosotros, y por todo el rebaño en que el Espíritu Santo os ha puesto por supervisores (gr. *obispos*), para apacentar la iglesia del Señor, la cual él adquirió para sí por medio de su propia sangre» (Hechos 20:28, RVR-77).
«Es palabra fiel: Si alguno anhela obispado, buena obra desea. Es, pues, necesario que el obispo sea irreprensible, marido de una sola mujer, sobrio, prudente, ordenado, hospedador, apto para enseñar; no dado al vino, no pendenciero, no codicioso de ganancias deshonestas, sino amable, apacible, no avaro; que gobierne bien su casa, que tenga a sus hijos en sumisión con toda dignidad (pues el que no sabe gobernar su propia casa, ¿cómo cuidará de la iglesia de Dios?); no un neófito, no sea que envaneciéndose caiga en la condenación del diablo. Y debe tener buen testimonio de los de afuera, para que no caiga en descrédito y en lazo del diablo» (1 Timoteo 3:1-7, RVR-77).

[Acto seguido, otro de los obispos o líderes denominacionales o conciliares, presentará al candidato ante el obispo oficiante.]

Obispo encargado: Obispo (presidente, superintendente o supervisor) *nombre del obispo oficiante*, aquí le hacemos presentación del Rev. *nombre del candidato* , para ser ordenado y consagrado a este oficio espiritual como obispo de *nombre de la denominación o concilio.*

[El candidato se mantendrá en pie junto al obispo oficiante. Luego éste le hará los encargos espirituales.]

Obispo oficiante: ¿Eres consciente del llamado al ministerio para el cual hoy serás ordenado y consagrado, para cumplir con la voluntad de nuestro Rey y Señor Jesucristo?

Candidato: Sí soy consciente, y que por la gracia de Dios he sido llamado.

Obispo oficiante: ¿Estás dispuesto a cumplir con el encargo bíblico, «que prediques la palabra; que instes a tiempo y fuera de tiempo; redarguye, reprende, exhorta con toda paciencia y enseñanza»? (2 Timoteo 4:2, RVR-77).

Candidato: Sí estoy dispuesto, y que Dios me ayude a realizarlo.

Obispo oficiante: ¿Estás preparado para cumplir con el consejo espiritual, «pero tú sé sobrio en todo, soporta las aflicciones, haz obra de evangelista, cumple tu ministerio»? (2 Timoteo 4:5, RVR-77).

Candidato: Sí estoy preparado, y con la ayuda del Espíritu Santo lo haré.

Obispo oficiante: ¿Estás dispuesto a luchar por la defensa de la sana doctrina, por la salvación de los perdidos, por el socorro de los afligidos y por el cuidado del rebaño del Señor Jesucristo?

Candidato: Sí estoy dispuesto, y con la ayuda de Dios lucharé por hacerlo.

[Se le pedirá al candidato que se arrodille. Los obispos o líderes presentes le impondrán sus manos. El obispo oficiante le ungirá derramando aceite tres veces sobre su cabeza.]

Obispo oficiante: Hermano *nombre del candidato*; te imponemos las manos para confirmar tu llamamiento y te ungimos con aceite en el nombre del Padre, y del Hijo, y del Espíritu Santo, para que seas consagrado como obispo con *nombre de la denominación o concilio.*

[Aquí se invitará a otro obispo o líder para que haga una oración especial. Luego, como recuerdo de su ordenación como obispo, se le puede poner una toga, o un anillo que se prepare con el logo de la organización, o darle una Biblia nueva que tenga impresas las palabras: Obispo nombre de él.]

Obispo oficiante: «Al único y sabio Dios, nuestro Salvador, sea gloria y majestad, dominio y autoridad, ahora y por todos los siglos. Amén» (Judas 25, RVR-77).

19 ────────────

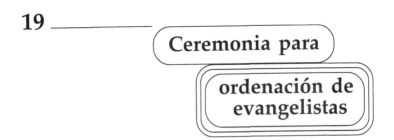

Ceremonia para

ordenación de
evangelistas

[El oficio del evangelista figura entre los cinco dones
humanos, *dados por el Cristo ascendido a la Iglesia (Efesios 4:10). Los dos primeros evangelistas parecen ser
Esteban (Hechos 6:8) y Felipe (Hechos 8:4-8, 12, 40).
Ambos fueron diáconos (Hechos 6:3, 5). En Hechos 21:8
leemos: «... y entrando en casa de Felipe, que era uno
de los siete, nos hospedamos en su casa» (RVR-77). A Felipe por su parte se le adscribe el título de «evangelista»,
y es el único evangelista que en el Nuevo Testamento se
designa así. Aunque este oficio de evangelista se implica
en los ministerios de Pedro, Pablo, Bernabé, Apolo, Timoteo, Tito y otros.*
*A lo largo de la historia de la Iglesia Dios ha levantado
evangelistas que han sido instrumentos del Espíritu Santo
y voceros de la Palabra, para el avivamiento y la salvación de los perdidos. Los evangelistas se caracterizan por
su dinamismo, su compasión por los perdidos, su pasión
por las almas, y por las señales y prodigios que acom-
pañan sus ministerios (Hechos 6:8; 8:5-8). Aunque su
señal principal será la salvación de las almas. Los más*

grandes evangelistas se podrían decir que han sido Dwight L. Moody (1837-1899); Billy Sunday (1862-1935), y Billy Graham (1918-?). Ninguno de ellos se caracterizaron por los milagros y las sanidades, sino por las conversiones de millares.]

[Esta ceremonia no tiene como finalidad el ordenar al completo ministerio *a los evangelistas. Las denominaciones y concilios tienen un proceso, por medio del cual se puede alcanzar el grado de ministro ordenado. El propósito es el de reconocerlos y ordenarlos para su ministerio como evangelistas.]*

[La ordenación para ser evangelista debe venir como una petición de la iglesia local o como un privilegio de la denominación o concilio. El candidato debe haber dado demostración de su llamado y vocación.

Pablo amonestó sobre aquellos que todavía no están preparados para el ministerio: «No un neófito, no sea que envaneciéndose caiga en la condenación del diablo» (1 Timoteo 3:6; RVR-77). «No impongas con ligereza las manos a ninguno...» (1 Timoteo 5:22, RVR-77).]

[El programa de la noche debe señalar hacia el ministerio de la evangelización. Una vez terminado se le entregará al oficial encargado, quien dirigiéndose a los presentes dirá...]

Oficial encargado: Mis queridos hermanos, miembros de la Iglesia universal de nuestro Señor Jesucristo, aquí estamos congregados para dar testimonio públicamente del llamado al ministerio como evangelista de *nombre de él o ella* ; a quien ordenaremos como Iglesia para que cumpla con su deber espiritual.

Las Sagradas Escrituras hablan en relación con el ministerio del evangelista:

«Entonces llamando a sus doce discípulos, les dio autoridad sobre los espíritus inmundos, para que los

echasen fuera, y para sanar toda clase de enfermedades y dolencias» (Mateo 10:1, RVR-77).

«Sanad enfermos, limpiad leprosos, resucitad muertos, echad fuera demonios; de regalo recibisteis, da de
regalo» (Mateo 10:8, RVR-77).

«Y Esteban, lleno de gracia y de poder, hacía grandes
prodigios y señales entre el pueblo» (Hechos 6:8,
RVR-77).

«Entonces Felipe, descendiendo a la ciudad de
Samaria, les predicaba a Cristo. Y la gente, unánime,
escuchaba atentamente las cosas que decía Felipe,
Oyendo y viendo las señales que hacía. Porque muchos que tenían espíritus inmundos, salían éstos, dan-
do grandes voces; y muchos paralíticos y cojos eran
sanados; así que había gran gozo en aquella ciudad»
(Hechos 8:5-8, RVR-77).

«Y él mismo dio: unos, los apóstoles; otros, los profetas; otros, los evangelistas; y otros, los pastores y
maestros» (Efesios 4:11, RVR-77).

«Pero tú sé sobrio en todo, soporta las aflicciones, haz
obra de evangelista, cumple tu ministerio» (2 Timoteo
4:5, RVR-77).

*[A continuación el oficial encargado invitará a los
presentes para orar...]*

Oficial encargado: Señor Jesucristo, te rogamos en esta
hora que bendigas al (la) hermano(a) *nombre de él o
ella*, al (la) cual confirmaremos en el ministerio de
evangelista. Que tu gracia y tu Espíritu Santo le ayuden a cumplir con su ministerio. Amén.

*[Ahora el ministro encargado se dirigirá al candida-
to, quien estará de pie, mientras se le hacen los encargos.]*

Oficial encargado: ¿Prometes predicar el evangelio de Jesucristo, sin ninguna otra motivación, sino la de ver las almas salvadas y las congregaciones bendecidas?

Candidato: Sí lo prometo. Que Dios me ayude.

Oficial encargado: ¿Prometes dar ejemplo espiritual con tu propia vida, cuidándote a ti mismo de no caer en la avaricia, el orgullo, las mentiras y las exageraciones que tantas veces empañan la imagen del ministerio?

Candidato: Sí lo prometo. Que Dios me ayude.

Oficial encargado: ¿Prometes cuidar de tu vida moral, cumplir con tus compromisos financieros, respetar a aquellos que están en autoridad espiritual sobre ti y recibir con humildad sus consejos?

Candidato: Sí lo prometo. Que Dios me ayude.

Oficial encargado: ¿Prometes dar atención a tu familia, para que a causa del ministerio no descuides la misma y luego te tengas que lamentar?

Candidato: Sí lo prometo. Que Dios me ayude.

Oficial encargado: Cumple con tus promesas. Que Dios te ayude.

[Ahora el candidato se arrodillará y el oficial encargado le ungirá en su frente con aceite, y los demás ministros le impondrán las manos.]

Oficial encargado: Hermano(a) *nombre de él o ella* , al Espíritu Santo le plació apartarte para este ministerio; por lo tanto, te ungimos como evangelista con el nombre del Padre, y del Hijo, y del Espíritu Santo. Ve y cumple con tu ministerio.

[Para finalizar se puede invitar a los presentes por filas que vengan y feliciten al evangelista y le entreguen sus obsequios. Mientras tanto, se puede entonar un cántico apropiado.]

20 _____

Ceremonia para

ordenación de misioneros

[En términos generales todos los creyentes somos lla-
mados a realizar la obra misionera. Pero en un sentido
más estricto, los misioneros son aquellos que son llama-
dos para realizar la obra evangelística de plantar iglesias
o la social de levantar ministerios para ayudar a los po-
bres y necesitados.

El título de misionero(a) ha sido tomado con mucho
abuso en nuestros días. Cualquiera se llama a sí mismo
misionero. Los viajes misioneros van más allá de simples
visitas relámpagos a los países o a la familia en el extran-
jero. Un misionero no le teme a las experiencias transcul-
turales, él mismo está dispuesto a cruzar su frontera cul-
tural para proclamar las buenas de salvación (Hechos
9:15, 16).

Pablo y Bernabé son el ejemplo vivo de lo que es ser
un misionero, ambos ministraron juntos en el primer viaje
misionero de Pablo (Hechos 13:1-5). Luego, a causa de
Juan Marcos, se separaron para el segundo viaje misio-
nero (Hechos 15:36-39). En lugar de Bernabé, Pablo se
hizo acompañar por Silas (Hechos 15:40, 41) en su se-

gundo viaje misionero. También se acompañó por Timoteo (Hechos 16:1-5). Aparte de que Lucas andaba siempre con él.

Pablo al llegar a Corinto se encontró con la pareja de Aquila y Priscila. Se unió a ellos y trabajaban manualmente: «Y como era del mismo oficio, se quedó con ellos, y trabajaban juntos, pues el oficio de ellos era hacer tiendas» (Hechos 18:3, RVR-77). Los misioneros muchas veces trabajan en lo manual, mientras levantan congregaciones. Pablo levantaba tiendas para habitar y tiendas espirituales de vidas salvadas. ¿Cuántas de esas carpas fueron confeccionadas para ser usadas como templos?

Pablo y Bernabé fueron ordenados por la Iglesia en Antioquía para el oficio de misioneros: «Mientras estaban éstos celebrando el culto del Señor, y ayunando, dijo el Espíritu Santo: apartadme a Bernabé y a Saulo para la obra a que los he llamado. Entonces, habiendo ayunado y orado, les impusieron las manos y los despidieron» (Hechos 13:1-3, RVR-77).]

[La ordenación de un misionero no se debe confundir con la ordenación al completo ministerio, sino que es más bien la confirmación de su oficio. Las denominaciones y concilios tienen un proceso de grados para los obreros, por medio del cual se alcanza el grado de ministro ordenado. Todo obrero debe pasar por los mismos y no brincar de grados.

En muchos concilios las mujeres llamadas al ministerio ingresan con la credencial de misionera a prueba *y luego ascienden al grado siguiente y final de* misionera *o* misionera licenciada. *Lo cierto es que muchas de ellas dictan lejos de ser misioneras.*

En otros concilios las mujeres reciben los mismos grados de hombre: exhortadores, predicadores, predicadores licenciados; y aun pueden llegar al grado de ministros ordenados. La postura de cada grupo evangélico o concilio debe ser respetada.

Las misioneras licenciadas *deben ser ordenadas como tales, lo cual traería más respeto a su credencial. Siempre una ceremonia religiosa, y en este caso en asamblea anual, añadirá colorido a la convención.]*

[Los misioneros que serán ordenados o las mujeres que reciben el grado de misioneras licenciadas, *deberían vestir de blanco para esa ocasión.]*

Oficial encargado: Hermanos, obreros y miembros de iglesias, estamos aquí congregados para ser participantes de este acto de ordenación como misionero(a) para él (la) hermano(a) *nombre de él o ella* . Y como Iglesia tenemos la responsabilidad de escuchar la voz del Espíritu Santo, que es el que aparta y llama para la obra misionera (Hechos 13:2). A nosotros nos toca imponer las manos sobre la tal persona y confirmar el llamamiento del Señor.

Las Sagradas Escrituras dicen sobre los que son llamados a la obra misionera:

«Entonces, llamando a sus doce discípulos, les dio autoridad sobre los espíritus inmundos, para que los echasen fuera, y para sanar toda clase de enfermedades y dolencias» (Mateo 10:1, RVR-77).

«Y les dijo: Id por todo el mundo y proclamad el evangelio a toda criatura» (Marcos 16:15, RVR-77).

«Pero recibiréis poder, cuando haya venido sobre vosotros el Espíritu Santo, y me seréis testigos en Jerusalén, en toda Judea, en Samaria, y hasta lo último de la tierra» (Hechos 1:8, RVR-77).

«Y él dijo: El Dios de nuestros padres te ha designado para que conozcas su voluntad, y veas al Justo, y oigas la voz de su boca. Porque le serás testigo ante todos los hombres, de lo que has visto y oído» (Hechos 22:14, 15, RVR-77).

Oficial encargado: Hermano(a) *nombre de él o ella,* ¿reconoces que Dios te ha llamado a este ministerio y que te consagrarás como misionero(a) en la obra del Señor?

Candidato: Sí lo reconozco. Que Dios me ayude.

Oficial encargado: Hermano(a) *nombre de él o de ella ,* ¿te comprometes a servir a Dios en este ministerio, aunque eso signifique sufrimiento, pruebas y necesidades?

Candidato: Sí me comprometo. Que Dios me ayude.

Oficial encargado: Hermano(a) *nombre de él o ella,* ¿estarás dispuesto(a) a aceptar la voluntad de Dios para contigo, con tal de cumplir con el ministerio al cual has sido llamado(a)?

Candidato: Sí estoy dispuesto(a). Que Dios me ayude.

Oficial encargado: Que Dios te ayude.

[Ahora el oficial encargado, o cualquier otro ministro, hará una breve oración.]

Encargado: Señor Jesucristo, te damos gracias por haber llamado a mi hermano(a) a esta obra misionera. Te rogamos que le uses como tu instrumento escogido, para salvación de las almas. Amén.

[Acto seguido el candidato se arrodillará, y el oficial encargado le ungirá como misionero, poniéndole aceite sobre su frente.]

Oficial encargado: Hermano(a) *nombre de él o ella* , al Espíritu Santo le ha placido bien apartarte para la obra misionera; por lo tanto, te unjo en el nombre del Padre, y del Hijo, y del Espíritu Santo. Amén.

21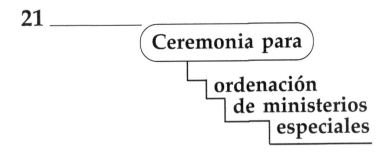

Ceremonia para

ordenación
de ministerios
especiales

[Bajo este término de «ministerios especiales» clasifico los ministerios de cantantes cristianos, músicos, maestros de institutos o seminarios, fundadores y presidentes de ministerios sociales (programas de rehabilitación cristianos, capellanes voluntarios de prisiones, pirncipales de academias cristianas, directores de radio o televisión cristianos...)

Ellos también deberían ser ordenados formalmente para el ministerio que representan. El culto religioso de la ocasión debe apuntar hacia ese propósito. (Esta ordenación no se debe confundir con la realizada por las denominaciones o concilios, donde para alcanzar el grado de ordenación ministerial hay que cumplir con los requisitos establecidos.)

Una persona, preferiblemente un ministro, debe ser la encargada de presentar el candidato al ministro oficiante.]

Encargado: *Título y nombre completo* , aquí le presento al (la) hermano(a) *nombre de él o ella,* quien representa *nombre del ministerio* y hoy desea que su ministerio sea ordenado como tal.

Oficiante: Ante mí y delante de los aquí reunidos ha sido presentado(a) el (la) hermano(a) *nombre de él o ella* , a quien el Espíritu Santo ha apartado para este ministerio de *nombre del mismo* .

Las Sagradas Escrituras dicen mucho sobre aquellos que Dios llama a ministerios especiales:

«Mira que te mando que te esfuerces y seas valiente; no temas ni desmayes, porque Jehová tu Dios estará contigo en dondequiera que vayas» (Josué 1:9, RVR-77).

«Doy gracias al que me revistió de poder, a Cristo Jesús nuestro Señor, porque me tuvo por fiel, poniéndome en el ministerio» (1 Timoteo 1:12, RVR-77).

«Mas tú, oh hombre de Dios, huye de estas cosas, y sigue la justicia, la piedad, la fe, el amor, la paciencia, la mansedumbre. Pelea la buena batalla de la fe, echa mano de la vida eterna, a la cual asimismo fuiste llamado, y de la que hiciste buena profesión delante de muchos testigos» (1 Timoteo 6:11, 12, RVR-77).

[Ahora el ministro oficiante se dirigirá al candidato y le hará varios encargos.]

Oficiante: ¿Prometes delante de Dios y ante los hombres cumplir con el ministerio al cual Dios te ha llamado?

Candidato: Sí lo prometo. Que Dios me ayude.

Oficiante: ¿Prometes esforzarte en todo aquello que hagas, trayendo siempre gloria y honra al nombre de Jesucristo?

Candidato: Sí lo prometo. Que Dios me ayude.

Oficiante: ¿Prometes apartarte de toda avaricia, vanidad, celos, envidias y de todo aquello que pueda dañar tu carácter en el ministerio para el cual has sido llamado(a)?

Candidato: Sí lo prometo. Que Dios me ayude.

Oficiante: Cumple tus promesas. Que Dios te ayude.

[Acto seguido se invitará al candidato a arrodillarse. El ministro oficiante le ungirá con aceite sobre la frente y dirá estas palabras...]

Oficiante: *Nombre del candidato* , a Dios le ha placido llamarte a este ministerio de *nombre del ministerio*, el Espíritu Santo te lo ha confirmado de diferentes maneras; como representante de Dios te unjo para este ministerio en el nombre del Padre, y del Hijo, y del Espíritu Santo. Amén.

[Se puede invitar a los presentes para que pasen por filas y feliciten al candidato. También se le puede dar algún obsequio relacionado con el ministerio que representa y que sea simbólico del mismo. Se debe entonar un cántico apropiado.]

22 ⎯⎯⎯

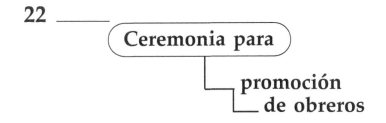

Ceremonia para

promoción
de obreros

[Muchas denominaciones y concilios en su asamblea anual (tres a cinco días), en la última o penúltima noche de convención, acostumbran a recibir a los nuevos obreros y dar promoción de grados. Normalmente se hace la misma noche de ordenación.

Los grados varían según las organizaciones, pero por lo general son: exhortador *(obrero a prueba);* predicador *y* predicador licenciado *(éste puede realizar todas las funciones del ministro ordenado con la excepción de ceremonias de casamiento).*

Esa noche deben vestir diferentes, pero uniformes para diferenciar los grados. En nuestra organización los exhortadores *y los* predicadores *visten totalmente de azul. Los* licenciados *visten color crema completamente. Los que serán ordenados al completo ministerio visten de negro y con cuello clerical.]*

[Los candidatos a ser promovidos como exhortadores, predicadores y predicadores licenciados, marcharán esa noche precedidos del Cuerpo Ejecutivo de la organización y después de los candidatos a la ordenación minis-

terial. Se preparará una sección especial donde ellos se sentarán.]

[El Secretario General presentará los candidatos al líder principal (obispo, supervisor, superintendente, presidente... Y leerá sus nombres en orden de grupo.]

Secretario General: *Título oficial y nombre completo* , aquí le presento a los siguientes candidatos para ser aceptados como nuevos obreros con la credencial de exhortadores.

[Los exhortadores se pondrán en pie y el Oficial principal se dirigirá a ellos...]

Oficial principal: Les exhorto a que sean fieles servidores de la Iglesia, que sirvan a su comunidad y que obedezcan y respeten a aquellos que Dios ha puesto en autoridad espiritual sobre ustedes.

Candidato: Sí lo haré. Que Dios me ayude.

Oficial principal: Como *título oficial* de *nombre de la organización*, les recibo con el grado de exhortadores.

Secretario general: *Título oficial y nombre completo* , aquí le presento a los siguientes candidatos para ser promovidos como obreros con la credencial de predicadores.

[Los predicadores se pondrán en pie y el oficial principal se dirigirá a ellos...]

Oficial principal: Les exhorto a que sean fieles servidores de la Iglesia, que sirvan a su comunidad y que obedezcan y respeten a aquellos que Dios ha puesto en autoridad espiritual sobre ustedes.

Candidato: Sí lo haré. Que Dios me ayude.

Oficial principal: Como *título oficial* de *nombre de la organización*, les promuevo con el grado de predicadores.

Secretario general: *Título oficial y nombre completo,* aquí le presento a los siguientes candidatos para ser promovidos como obreros con la credencial de predicadores licenciados.

[Los predicadores licenciados se pondrán en pie y el oficial principal se dirigirá a ellos...]

Oficial principal: Les exhorto a que sean fieles servidores de la Iglesia, que sirvan a su comunidad y que obedezcan y respeten a aquellos que Dios ha puesto en autoridad espiritual sobre ustedes.

Candidato: Sí lo haré. Que Dios me ayude.

Oficial principal: Como *título oficial* de *nombre de la organización*, les promuevo con el grado de predicadores licenciados con todos los derechos y privilegios que conlleva esta credencial.

[Esta ceremonia se puede concluir con una breve oración a favor de este cuerpo de obreros.]

23 ———

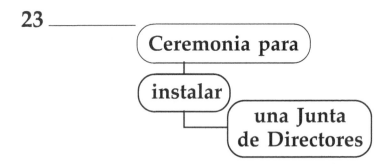

Ceremonia para instalar una Junta de Directores

[Muchos ministerios cristianos funcionan con una Junta de Directores *debidamente constituida y organizada, quienes se reúnen periódicamente para tratar asuntos relacionados con la organización o ministerio. Ellos son responsables de hacer cumplir la* Constitución y Reglamento *de la organización; de aprobar o desaprobar mociones; de determinar salarios para los empleados; de vigilar la integridad del ministerio o la organización; de establecer presupuesto... y de muchas otras funciones.*

Una Junta de Directores *es esencial para cualquier ministerio de grandes proporciones públicas. La misma dará credibilidad a dicho ministerio. Ministerios sin Juntas de directores son cuestionables.*

Entre los ministerios que requieren una Junta de Directores *están: Los ministerios evangelísticos internacionales o nacionales; las radioemisoras cristianas; las emisoras de televisión cristianas; las academias o instituciones de educación cristianas; los programas de rehabilitación cristianos; los orfanatos cristianos...]*

[Estas Juntas de Directores *deben ser instaladas públicamente. Un servicio de instalación será debidamente preparado para este evento. Algún líder religioso reconocido debe oficiar la ceremonia de instalación.]*

Oficial encargado: Estamos aquí reunidos para la instalación pública de la Junta de Directores de *nombre del ministerio.* Cada uno de sus oficiales ha sido debidamente *electo* o *reelecto* para funcionar dentro de la misma.

Las Sagradas Escrituras dicen algo sobre aquellos que Dios ha puesto en eminencia y responsabilidad:

«Y teniendo diferentes dones, según la gracia que nos es dada... el que preside, con solicitud...» (Romanos 12:6, RVR-77).

«Sométase toda persona a las autoridades superiores; porque no hay autoridad sino de parte de Dios, y las que hay por Dios han sido establecidas. De modo que quien se opone a la autoridad, a lo establecido por Dios resiste...» (Romanos 13:1, 2, RVR-77).

«Por causa del Señor, someteos a toda institución humana, ya sea al rey, como a superior» (1 Pedro 2:13, RVR-77).

«Recuérdales que se sometan a los gobernantes y a las autoridades, que obedezcan, que estén preparados para toda buena obra» (Tito 3:1, RVR-77).

[Los oficiales de la Junta de Directores deben ser presentados por algún encargado al oficial que está a cargo de la ceremonia.]

Encargado: Rev. *nombre completo,* aquí le presento la Junta de Directores de *nombre del ministerio u organización* que han sido *electos o reelectos* para el término de *duración o años*. Sus nombres son: *nombres completos de ellos y cargos o posiciones* .

[Según se vayan leyendo sus nombres y posiciones, ellos se pondrán en pie y el oficial encargado les formulará los encargos.]

Oficial encargado: ¿Prometen ustedes cumplir con la *Constitución y Reglamento* de esta organización y velar porque en la misma existan los más altos niveles de ética y de valores cristianos?

Junta de Directores: Sí, lo prometemos. Que Dios nos ayude.

Oficial encargado: ¿Prometen ustedes ser custodios de las finanzas de este ministerio y ser responsables del uso debido de las mismas, ya que ante un pueblo y ante Dios ustedes habrán de dar cuentas un día?

Junta de Directores: Sí, lo prometemos. Que Dios nos ayude.

Oficial encargado: ¿Prometen ustedes «no participar en pecados ajenos» (cf. 1 Timoteo 5:22), reconociendo que el Señor Jesucristo demanda integridad de carácter y santidad sobre aquellos que están en el ministerio?

Junta de Directores: Sí, lo prometemos. Que Dios nos ayude.

Oficial encargado: ¿Prometen ustedes guardar los secretos de la Junta, y de no divulgar los mismos ante nadie, para no empañar la confianza que les ha sido dada?

Junta de Directores: Sí, lo prometemos. Que Dios nos ayude.

Oficial encargado: ¿Prometen ustedes cumplir con las responsabilidades que les sean asignadas dentro de la Junta de Directores?

Junta de Directores: Sí, lo prometemos. Que Dios nos ayude.

[Ahora serán invitados a arrodillarse los miembros de la Junta de Directores, mientras el oficial encargado dirá las palabras de instalación...]

Oficial encargado: Por la autoridad que Dios me delega, les aconsejo que cumplan con sus promesas y afirmaciones; por lo tanto, procedo a instalarlos en el nombre del Padre, y del Hijo, y del Espíritu Santo.

[Acto seguido un ministro encargado hará una oración a favor de la Junta de Directores.]

Encargado: Dios y Padre de nuestro Señor Jesucristo, Redentor y Salvador de nuestras almas, te rogamos que desde el alto cielo a bien tengas de verter tu bendición sobre esta Junta de Directores; a fin de que puedan llevar a realización el propósito por el cual han sido llamados. Amén.

[La Junta de Directores será oficialmente presentada y luego se invitará a los presentes a que por filas, pasen y los saluden de ser posible. Mientras tanto, se entonará un cántico apropiado. Se concluirá con una bendición pastoral.]

Bendición pastoral: «Jehová te bendiga, y te guarde; Jehová haga resplandecer su rostro sobre ti, y tenga de ti misericordia; Jehová alce sobre ti su rostro, y ponga en ti paz» (Números 6:24-26, RVR-77).

24 _____

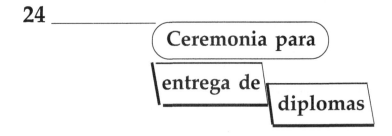
Ceremonia para entrega de diplomas

[Las denominaciones y concilios han desarrollado programas de educación religiosa a nivel de Seminarios y de Institutos Bíblicos. Una vez que los alumnos cumplen con los requisitos establecidos se celebran graduaciones, donde se les hace entrega de diplomas de completamiento.

Los graduandos marcharán a la plataforma o tarima donde se les entregarán los diplomas. Para la ocasión vestirán con togas. De ser posible la facultad y administración también vestirán con togas. Esto le añade colorido a una graduación.]

[El (la) Director(a) de Educación que dirige el Seminario o el Instituto Bíblico, pedirá a la clase graduanda que se ponga en pie; los presentará al oficial principal (obispo, presidente, superintendente, supervisor…) de la organización. Éste estará también de pie.]

Director(a) de Educación: *Título oficial y nombre completo*, aquí le presento a la clase graduada de *año* del *nombre del seminario o instituto,* quienes han cumplido con todos los requisitos académicos, y se hacen acreedores de este honor académico.

Oficial principal: A nombre del *seminario o instituto*, de su Junta de Educación y de la Junta de Directores de *nombre de la organización*, deseo recibir a esta clase graduada de *año*.

[Los graduandos marcharán al altar o tarima entrando por el lado izquierdo, de ser posible, y bajarán por el lado derecho. Los diplomas se los entregará el (la) Director(a) de Educación. Se hará así: El (la) Director(a) de Educación tendrá el diploma en la mano izquierda, su mano derecha debajo de la izquierda se cruzará en forma de «equis» (X). El graduando recibirá el diploma con su mano izquierda y con la derecha le contestará el saludo, estrechando la mano derecha de el (la) Director(a). Las manos del graduando estarán en forma de «equis» (X), con la mano derecha abajo y la izquierda arriba.

La borla la tendrá en el lado izquierdo de su gorro de graduación. Una vez que recibe el diploma, el (la) Director(a) le pasará la misma al lado derecho. También se acostumbra que sea el alumno que la mueva del lado izquierdo al derecho, tan pronto es declarado graduado por el oficial principal.

Cuando todos los graduandos hayan recibido sus diplomas y estén de regreso en sus asientos, se mantendrán en pie.]

Director(a) de Educación: *Título oficial y nombre completo,* ante usted han desfilado los graduandos de *año*. Su esfuerzo, determinación y disciplina académica, han sido recompensados con la entrega de diplomas. Por lo tanto, a nombre de toda la facultad, le recomiendo la graduación oficial de este grupo de graduandos.

Oficial principal: Con la autoridad que sobre mí ha sido investida por *nombre de la organización que representa,* por el *seminario o instituto* , declaro graduada esta clase de *año*, con todos los derechos, honores y privilegios que desde ahora le pertenecen.

[La graduación concluirá con una marcha así como se inició.]

25 _____

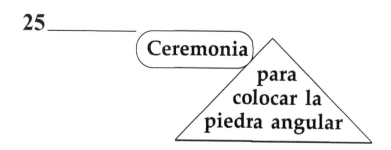

Ceremonia para colocar la piedra angular

[Se ha hecho costumbre que tan pronto se echan los cimientos para el edificio que albergará la congregación o ministerio, se haga un servicio especial y que en una caja o receptáculo metálico se coloque una piedra como símbolo de esa construcción. Dentro de la caja o receptáculo se ponen además copias de documentos históricos, tales como: la historia de la organización, la lista de membresía, los nombres de los oficiales, una oración de acción de gracias por el logro alcanzado, una Biblia con la firma de todos los miembros, la resolución corporativa...]

[En esa ocasión el devocional y la predicación deben señalar el propósito especial y se deben hacer varias oraciones de acción de gracias. Luego se le entregará al oficial encargado para que oficie.]

Oficial encargado: Hermanos, miembros de *nombre de la iglesia o ministerio* , hoy nuestros corazones rebosan de alegría y de gozo y damos gracias a Dios por concedernos este día cuando colocaremos la piedra angular del *templo o edificio* que aquí será erigido. Las Sagradas Escrituras nos invitan a reflexionar sobre:

«Si Jehová no edifica la casa, en vano trabajan los que la edifican. Si Jehová no guarda la ciudad, en vano vela la guardia» (Salmo 127:1, RVR-77).

«El Dios que hizo el mundo y todas las cosas que hay en él, siendo Señor del cielo y de la tierra, no habita en templos hechos por manos humanas, ni es servido por manos de hombres, como si necesitase de algo; pues él es quien da a todos vida y aliento y todas las cosas... para que busquen a Dios, si tal vez, palpando, pueden hallarle, aunque ciertamente no está lejos de cada uno de nosotros. Porque en él vivimos, y nos movemos, y somos...» (Hechos 17:24-28, RVR-77).

«Conforme a la gracia de Dios que me ha sido dada, yo, como perito arquitecto puse el fundamento, y otro edifica encima; pero cada uno mire cómo sobreedifica. Porque nadie puede poner otro fundamento que el que está puesto, el cual es Jesucristo. Y si alguien edifica sobre este fundamento oro, plata, piedras preciosas, madera, heno, paja, la obra de cada uno se hará manifiesta; porque el día la declarará, pues por el fuego será revelada; y el fuego mismo probará la calidad de la obra de cada uno. Si permanece la obra de alguno que sobreedificó, recibirá recompensa...» (1 Corintios 3:10-16, RVR-77).

«Sobreedificados sobre el fundamento de los apóstoles y profetas, siendo la principal piedra del ángulo Jesucristo mismo, en quien todo el edificio, bien ajustado, va creciendo para ser un santuario sagrado en el Señor; en quien también vosotros sois juntamente edificados para morada de Dios en el Espíritu» (Efesios 2:20-22, RVR-77).

«Acercándoos a él, piedra viva, desechada ciertamente por los hombres, mas ante Dios escogida y preciosa, vosotros también como piedras vivas, sed edificados como casa espiritual y sacerdocio santo, para ofrecer sacrificios espirituales aceptables a Dios por medio de Jesucristo. Por lo cual también está contenido en la Escritura: *He aquí, pongo en Sión la principal piedra del ángulo, escogida, preciosa; y el que crea en él, no será avergonzado* . Para vosotros, pues, los que creéis, es de gran valor; pero para los que no creen, la piedra que los edificadores desecharon, ha venido a ser la cabeza del ángulo; y: piedra de tropiezo, y roca de escándalo, pues ellos tropiezan en la palabra, siendo desobedientes; a lo cual fueron también destinados» (1 Pedro 2:4-8, RVR-77).

[Aquí se invitará a algunos de los presentes para que hagan algunas oraciones breves de acción de gracias. Una vez que finalicen las oraciones, una comitiva seleccionada con anticipación entregará la caja o receptáculo metálico al oficial encargado. Éste la aguantará en sus manos e invitará a aquellos que han sido comisionados para depositar dentro de la(del) misma(o) algún objeto o documento que lo hagan. Luego pondrá la caja o receptáculo en el lugar escogido.]

Oficial encargado: Ya hemos depositado la caja o receptáculo con *nombre(s) de lo depositado*, en el lugar destinado como recuerdo de esta ocasión. Ahora depositaremos esta piedra dentro de la caja como símbolo de esta construcción. Yo, *título y nombre completo*, a nombre de nuestra(o) *iglesia o ministerio*, ahora coloco esta piedra angular dentro de esta caja o receptáculo para la gloria y honra de Dios. Lo hago en el nombre del Padre, y del Hijo y del Espíritu Santo. Amén.

[El oficial encargado una vez que deposite la piedra dentro de la caja o receptáculo metálico, cerrará su tapa.

Tomará una pala con tierra y la cubrirá. Otros de los presentes pueden tomar su ejemplo y hacer lo mismo. Se concluirá con un cántico y, después, con la bendición pastoral.]

Bendición pastoral: «Jehová te bendiga, y te guarde; Jehová haga resplandecer su rostro sobre ti, y tenga de ti misericordia; Jehová alce sobre ti su rostro, y ponga en ti paz» (Números 6:24-26, RVR-77).

26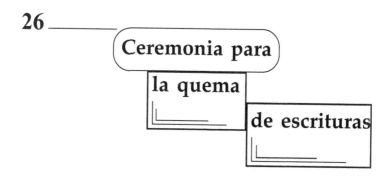

Ceremonia para la quema de escrituras

[Se ha hecho muy popular que cuando una congregación termina de saldar su hipoteca, se haga una copia de las escrituras o título de propiedad, y que en un servicio especial, más bien de acción de gracias; el pastor o encargado enrolle las mismas y las ponga en un recipiente metálico donde le prenderá fuego. Con esto se simboliza que la hipoteca ha sido cancelada o pagada.

El mensaje o predicación de la ocasión debe estar contextualizado dentro del propósito especial. Los cánticos deben girar alrededor de la acción de gracias.]

Pastor: Hoy es un gran día para esta congregación *nombre de la iglesia*, ya que celebramos en acción de gracias la cancelación de nuestra hipoteca, y lo demostraremos simbólicamente quemando las *escrituras*. En las Sagradas Escrituras hay pasajes para nuestra reflexión y meditación:

«Y ofreció Salomón sacrificios de paz, los cuales ofreció a Jehová, veintidós mil bueyes y ciento veinte mil ovejas. Así dedicaron el rey y todos los hijos de Israel la casa de Jehová… En aquel tiempo celebró Salomón la fiesta, y con él todo Israel, en una magna asamblea de israelitas procedentes desde Hamat hasta la entrada del río de Egipto, delante de Jehová nuestro Dios, por siete días y la prolongó por otros siete días, esto es, por catorce días en total. Al octavo día despidió al pueblo; y ellos bendiciendo al rey, se fueron a sus moradas, alegres y gozosos de corazón, por todos los beneficios que Jehová había hecho a David su siervo y a su pueblo Israel» (1 Reyes 8:63, 65, 66, RVR-77).

«Alzad, oh puertas, vuestras cabezas, y alzaos vosotras, puertas eternas, y entrará el Rey de la gloria. ¿Quién es ese Rey de la gloria? Jehová el fuerte y valiente, Jehová el poderoso en batalla. Alzad, oh puertas, vuestras cabezas. Y alzaos vosotras, puertas eternas, y entrará el Rey de la gloria. ¿Quién es ese Rey de la gloria? Jehová de los ejércitos, Él es el Rey de la gloria» (Salmo 24:7-10).

«Jehová, la habitación de tu casa he amado, y el lugar de la morada de tu gloria» (Salmo 26:8).

«Una sola cosa he pedido a Jehová, y la vengo buscando: Que repose yo en la casa de Jehová todos los días de mi vida, para contemplar la hermosura de Jehová, y para inquirir en su templo» (Salmo 27:4, RVR-77).

[Ahora se invitará a uno de los ministros presentes para que ore a Dios por la victoria que la congregación ha obtenido al terminar de pagar su hipoteca. Cuando él termine, el pastor oficiante invitará a la congregación a permanecer en pie.]

Pastor: Por la bendita gracia de Dios, hoy le damos gracias; acción de gracias por la victoria obtenida.

Congregación: A Dios damos gracias.

Pastor: Por la ayuda que Dios nos ha dado en proveer las finanzas para pagar esta hipoteca, hoy estamos agradecidos.

Congregación: A Dios damos gracias.

Pastor: Por la presencia de Dios, el poder del Espíritu Santo y la guianza del Señor Jesucristo, que nos han ayudado a terminar lo que comenzamos, hoy estamos contentos.

Congregación: A Dios damos gracias.

[Un oficial de la congregación presentará las copias de las escrituras o título de propiedad al pastor y éste procederá a su incineración.]

Oficial: Rev. *nombre de él*, aquí le entrego las *escrituras* de este templo, para que sean quemadas las mismas como símbolo de victoria por haber sido cancelada nuestra hipoteca.

[El pastor las tomará en su mano derecha, otro oficial tendrá un receptor metálico y un tercer oficial le prenderá fuego. Una vez encendidas en fuego, las depositará cuidadosamente en el receptáculo y dirá las siguientes palabras...]

Pastor: A Dios el Padre, a Dios el Hijo y a Dios el Espíritu Santo, damos toda gloria y honra por esta victoria. Que las cenizas de estas escrituras sean el símbolo de que nuestra hipoteca ha sido cancelada.

[Se debe concluir con un cántico apropiado. Luego se dará la bendición pastoral.]

Bendición pastoral: «Jehová te bendiga, y te guarde; Jehová haga resplandecer su rostro sobre ti, y tenga de ti misericordia; Jehová alce sobre ti su rostro, y ponga en ti paz» (Números 6:24-26, RVR-77).

[Al final, en el salón de recepciones, se deben tener preparados algunos entremeses como emparedados, bizcocho o pastel y gaseosas.]

27

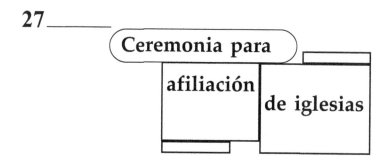

Ceremonia para
afiliación de iglesias

[*La mayoría de las denominaciones evangélicas no reclutan congregaciones para que se les afilien. Sus congregaciones son fundadas y establecidas como un esfuerzo misionero denominacional. No así con los concilios o alianzas de carácter pentecostal, donde de continuo nuevas congregaciones independientes se les afilian.*

En Hechos 15:1-35 se nos presenta el primer concilio o primera magna asamblea, convocada para tratar diferencias dogmáticas entre las congregaciones y donde se aprobó una resolución para beneficio de las mismas.

Desde el principio las congregaciones primitivas, aunque fueron autónomas y soberanas, no fueron independientes. Los pastores y las congregaciones se ponían bajo una cobertura espiritual y se sometían a un gobierno colectivo representativo de los mismos. En Hechos 15 descubrimos una afiliación entre las iglesias de Jerusalén y Antioquía como modelo conciliar. Pablo y Bernabé no fundaron congregaciones independientes de la autoridad espiritual representada por los apóstoles o por la iglesia madre en Jerusalén. Pablo no fue un apóstol, ni un ministro, ni un misionero independiente. Esto debería enseñarnos algo. En Apocalipsis 1:20 se nos ilustra este principio conciliar con las siete estrellas que el Señor Jesucristo presenta en su mano derecha, las cuales son símbolo de los pastores. También Él se pasea en medio de los siete congregaciones del Asia menor.]

[Con antelación a la ceremonia de afiliación la congregación debe haber sometido una carta solicitando la afiliación con la organización. Una copia de la consti-tución y los reglamentos deben haber sido entregados al pastor y a la oficialidad para su estudio. Cuando un ministro se afilia él a la alianza o concilio sin consentimiento de la congregación, a la larga puede separarse con la misma facilidad con que entró. Especialmente aquellos ministros que se unen a una organización buscando más los beneficios propios que los congregacionales. Además se debe completar una aplicación de afiliación dada por el concilio o alianza. En la misma firmarán los oficiales de la congregación, el pastor y será aprobada con la firma o firmas de un oficial o más de la organización.]

[El programa de la noche debe estar a tono con la ocasión. Un oficial de la organización expondrá el mensaje de las Escrituras. Por lo general, este mensaje y la ceremonia de afiliación corresponden al Presbítero General *o* Presbítero Seccional.]

Presbítero: Por la bendita gracia de Dios, estamos hoy aquí reunidos para formalizar las relaciones fraternales entre *nombre de la congregación* y *nombre de la organización.* Hoy esta congregación oficialmente entrará a formar parte de nuestra organización.

Las Sagradas Escrituras hablan mucho sobre la unidad de las congregaciones:

«Pablo, apóstol de Jesucristo por la voluntad de Dios, y el hermano Timoteo, a la iglesia de Dios que está en Corinto, con todos los santos que están en Acaya» (2 Corintios 1:1, RVR-77).

«En cuanto a la colecta para los santos, haced vosotros también de la manera que ordene a las iglesias de Galacia» (1 Corintios 16:1, RVR-77).

«Pablo y Timoteo, siervos de Jesucristo, a todos los santos en Cristo Jesús que están en Filipos, con los obispos y diáconos» (Filipenses 1:1, RVR-77).

«Los hijos de tu hermana, la elegida, te saludan. Amén» (2 Juan 13, RVR-77).

«El misterio de las siete estrellas que has visto en mi diestra, y de los siete candeleros de oro: las siete estrellas son los ángeles de las siete iglesias, y los siete candeleros que has visto son las siete iglesias» (Apocalipsis 1:20).

[Acto seguido se puede invitar a un ministro presente para que haga oración a favor de la congregación y por la organización. Una vez finalizada la misma, el presbítero *invitará a la* junta de oficiales *de la iglesia local a que, en compañía de su pastor, se paren delante de él y le hará varias preguntas.]*

Presbítero: Como representantes de esta congregación ¿están dispuestos a obedecer y a respetar la constitución y reglamento de nuestra organización?

Oficialidad: Sí estamos dispuestos, y lo haremos con la ayuda de Dios.

Presbítero: Como representantes de esta congregación ¿se someterán a la autoridad espiritual representada por los *ejecutivos* de nuestra organización?

Oficialidad: Sí nos sometemos, y lo haremos con la ayuda de Dios.

Presbítero: Como representantes de esta congregación ¿serán responsables de que la misma cumpla con sus deberes y responsabilidades ante la organización?

Oficialidad: Sí seremos responsables, y lo haremos con la ayuda de Dios.

[Ahora el presbítero *invitará a que todos los miembros de la congregación local se pongan en pie y se dirigirá a ellos.]*

Presbítero: ¿Desean ustedes, los miembros de esta congregación *nombre de la misma* , afiliarse voluntariamente y de buena fe a *nombre de la organización* ?

Congregación: Sí lo deseamos, y lo haremos con la ayuda de Dios.

Presbítero: Que Dios los ayude a todos a cumplir con su palabra. Con la autoridad que me ha sido delegada por *nombre de la organización*, en representación de todo el presbiterio y en nombre de *título y nombre del líder de la organización;* yo procedo a recibirlos como iglesia afiliada con todos los derechos y privilegios desde ahora en adelante. Lo hago en el nombre del Padre, y del Hijo, y del Espíritu Santo.

[A continuación el presbítero entregará el certificado de afiliación al pastor.]

Presbítero: Hermano(a) *nombre de él (ella)* , aquí le entrego este certificado de afiliación.

Pastor(a): Presbítero *nombre de él*, a nombre de nuestra congregación con gozo recibo este certificado.

[El presbítero saludará a cada uno de los oficiales. El servicio se puede concluir con un himno o cántico de acción de gracias. En el salón de recepciones del templo se pueden compartir algunos entremeses.]

28

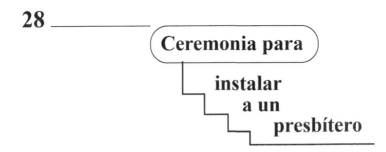

Ceremonia para instalar a un presbítero

[La palabra «presbítero» es la latinización del término griego «presbúteros», literalmente «un anciano». En la iglesia primitiva señalaba a una persona de madurez en su experiencia espiritual. Sus funciones involucraban el cuidado local de una congregación (Hechos 20:17; 1 Timoteo 5:17), y la supervisión de varias congregaciones (Tito 1:5).

Las iglesias o congregaciones pentecostales, que se agrupan en concilios *o* confraternidades, *funcionan en muchos casos a manera de distritos, regiones y secciones (o su equivalente). Sobre las secciones son nombrados o electos para su supervisión los oficiales que reciben el título religioso de* presbíteros.*]*

[Una vez nombrado o electo el presbítero, *el oficial principal de la organización debe fijar la fecha para su instalación oficial. Si la organización tiene un* Presbítero General, *en este caso él podría ser delegado para la isntalación de los* presbíteros.

En esta ocasión los obreros y congregaciones de la

sección donde supervisará el presbítero *deben estar presentes. El programa religioso de la noche debe apuntar hacia este ceremonial. El oficial principal debe compartir un mensaje bíblico para la ocasión.*

Una vez terminada la predicación, un oficial encargado hará presentación del presbítero *ante el oficial principal. Él mismo pasará al altar y se procederá a su instalación.]*

Oficial encargado: *Título y nombre completo,* aquí le quiero hacer presentación oficial de *nombre del candidato,* quien ha sido *electo o nombrado* a la posición de *Presbítero* para la sección *nombre o número de la misma.*

Oficial principal: A nombre de todo el presbiterio y de nuestra organización *nombre de la misma,* de la cual me siento honrado en representar, recibo a nombre del candidato para su instalación oficial como *Presbítero* de la sección *nombre o número .*

[Acto seguido le dará lectura a algunas porciones bíblicas.]

«Por esta causa te dejé en Creta, para que corrigieses lo deficiente, y establecieses ancianos (gr. *presbutérous)* en cada ciudad, así como yo te mandé» (Tito 1:5).

«Por tanto, mirad por vosotros, y por todo el rebaño en que el Espíritu Santo os ha puesto por obispos (gr. *episkópous*), para apacentar la iglesia del Señor, la cual él ganó por su propia sangre» (Hechos 20:28).

«Porque es necesario que el obispo sea irreprensible, como administrador de Dios; no soberbio, no iracundo, no dado al vino, no pendenciero, no codicioso de ganancias deshonestas, sino hospedador, amante de lo

121

bueno, sobrio, justo, santo, dueño de sí mismo, retenedor de la palabra fiel tal como ha sido enseñada, para que también pueda exhortar con sana enseñanza y convencer a los que contradicen» (Tito 1:7-9).

[Ahora el oficial principal se dirigirá al candidato y le hará varios encargos.]

Oficiante: ¿Prometes ante Dios y ante las iglesias que servirás como *presbítero*, cumplir con tus responsabilidades?

Candidato: Sí lo prometo. Que Dios me ayude.

Oficiante: ¿Prometes vivir consagrado a Dios y así dar ejemplo a tus compañeros ministros, alejándote de toda apariencia de pecado?

Candidato: Sí lo prometo. Que Dios me ayude.

Oficiante: ¿Prometes ser fiel a la organización que representas, cumplir con la Constitución y Reglamento, y obedecer a los líderes espirituales que Dios ha puesto?

Candidato: Sí lo prometo. Que Dios me ayude.

Oficiante: Cumple tus promesas. Que Dios te ayude.

[Se invitará al candidato a arrodillarse. Los ministros pasarán y le impondrán las manos. El ministro oficiante le ungirá con aceite y dirá estas palabras...]

Oficiante: *Nombre del candidato* , a Dios le ha placido separarte para este ministerio de *presbítero*, y todos los ministros de la sección que representas así lo han afirmado. Por lo tanto, a nombre del *presbiterio* y de *nombre de la organización* procedo a instalarte oficialmente como *presbítero*, y lo hago en el nombre del Padre, y del Hijo y del Espíritu Santo.

[Se puede culminar este servicio de instalación invitando a los obreros de la sección a que pasen al altar, donde el candidato de pie los esperará, para que lo abracen y feliciten. Se debe entonar un cántico apropiado.]

29 ⎯⎯⎯⎯⎯

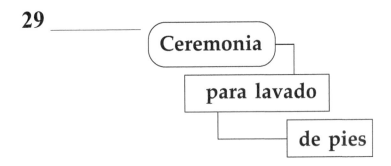

Ceremonia
para lavado
de pies

[Varios grupos evangélicos, entre éstos la Iglesia de Dios con sede en Cleveland, Tennessee, EE.UU., practican el lavado de pies. No obstante, otros grupos evangélicos consideran el lavado de pies como una práctica innecesaria para nuestros días. Como creyentes maduros debemos respetar la dogmática y la aplicación espiritual que dan aquellos que practican el lavado de pies.]

[El lavado de pies es un antiguo rito oriental de hospitalidad. La travesía con sandalias abiertas que daba entrada al polvo que ensuciaba los pies de los transeúntes ofrecía la oportunidad de mostrar cortesía y hospitalidad al visitante, lavándole los pies. Era un acto donde al visitante se le proveía de agua y éste se podía lavar sus propios pies (Génesis 18:4; 19:2; 24:32); o el anfitrión se los lavaba (Génesis 43:24). La mayoría de las veces era función del esclavo el lavado de pies.

El lavado de pies era una señal de hospitalidad (Jueces 19:21), de humildad (1 Samuel 25:41), de afecto aten-

to (Lucas 7:36-50) y de estima a los santos (1 Timoteo 5:10).

En el Antiguo Testamento los sacerdotes se los lavaban de manera ceremonial como preparación a su servicio a Dios (Éxodo 30:18-21). Moisés, Aarón y sus hijos se los lavaban para poder entrar en el tabernáculo (Éxodo 40:30-32).

R. Colin Craston dice: «Algunas secciones de la iglesia (a partir del siglo IV) observaban el Pedilavium cuando había nuevos bautizados, y algunos celebraban el Jueves Santo. Bernardo de Clairvaux abogó por el lavado de pies como un sacramento, pero la iglesia en conjunto ha entendido el mandamiento en un sentido simbólico» (Diccionario de Teología. T.E.L.L., 1985, p. 311).]

[Aquellos creyentes que practican el lavado de pies lo realizan en la misma ocasión que toman la Santa Cena, siendo posterior a la misma (cf. Juan 13:2-5). Esta práctica puede realizarse una vez al año, varias veces al año o cuando el pastor lo crea conveniente.

El mensaje de la ocasión debe recalcar la humildad, la obediencia y el servicio cristiano. De ser posible se prepararán lugares apropiados y separados, uno para las mujeres y otro para los hombres. Los hombres lavarán los pies a los hombres, y las mujeres a las mujeres.

Se deben tener suficientes lebrillos y toallas. Las sillas se pondrán una frente a la otra, en líneas paralelas de doce y doce. En medio se pondrán los lebrillos, uno para cada dos. Un hermano lavará los pies al de enfrente y éste a él. De igual manera el uno secará los pies al otro. Una vez terminado debe tirarse el agua y echar agua nueva para los próximos que se sentarán. Las toallas serán también cambiadas por secas.]

[Antes de que se dé comienzo al acto del lavado de pies, el ministro dirá lo siguiente...]

Ministro: Hoy estamos aquí reunidos con el propósito de observar el lavado de pies, así como lo enseñó el Señor Jesucristo la noche antes de su crucifixión.

En Juan 13:1-5 se nos presenta *el ejemplo de este acto:* «Antes de la fiesta de la pascua, sabiendo Jesús que su hora había llegado para que pasase de este mundo al Padre, habiendo amado a los suyos que estaban en el mundo, los amó hasta el fin. Y cuando cenaban, como el diablo ya había puesto en el corazón de Judas Iscariote, hijo de Simón, que le entregase, sabiendo Jesús que el Padre le había dado todas las cosas en las manos, y que había salido de Dios, y a Dios iba, se levantó de la cena, y se quitó su manto, y tomando una toalla se la ciñó. Luego puso agua en un lebrillo, y comenzó a lavar los pies de los discípulos y a enjugarlos con la toalla con que estaba ceñido» (RVR-77).

En Juan 13:6-9 se nos presenta *la obediencia de este acto:* «Llegó, pues, a Simón Pedro; y Pedro le dijo: Señor, ¿tú me lavas los pies a mí? Respondió Jesús y le dijo: Lo que yo hago, tú no lo comprendes ahora; mas lo entenderás después. Pedro le dijo: No me lavarás los pies jamás. Jesús le respondió: Si no te lavo, no tendrás parte conmigo. Le dijo Simón Pedro: Señor, no sólo mis pies, sino también las manos y la cabeza» (RVR-77).

En Juan 13:14-17 se nos presenta *la práctica de este acto:* «Pues si yo, el Señor y el Maestro, he lavado vuestros pies, vosotros también debéis lavaros los pies los unos a los otros. Porque os he dado ejemplo, para que como yo os he hecho, vosotros también hagáis así. De cierto, de cierto os digo: El siervo no es mayor que su señor, ni el enviado es mayor que el que le envió. Si sabéis estas cosas, dichosos sois si las ponéis en práctica» (RVR-77).

Congregación: Amén. Así sea.

[Luego el ministro hará la siguiente oración o puede improvisar una para la ocasión...]

Ministro: Dios y Padre de nuestro Señor Jesucristo, te imploramos por los méritos del Calvario que a bien tengas bendecir este acto recordatorio del lavado de pies, realizado por tu Hijo, quien en el cenáculo dio a sus discípulos el ejemplo empírico del servicio cristiano. De igual manera nosotros, como discípulos cristianos, queremos representar nuestro servicio, afecto y estima a nuestros hermanos.

Congregación: Amén. Así sea.

[Ahora el ministro hará algunas aplicaciones prácticas en relación al lavado de pies...]

Primero, consideremos *la acción de bajarse ante el hermano.* Esto indica que debemos doblegarnos para servir al hermano. No podemos sentirnos más altos que nadie.

Segundo, consideremos *la acción de lavarle los pies al hermano.* Éste es un acto de humildad. El orgullo y la arrogancia no nos permiten ser lavadores de pies. La humildad nos lleva a mirar al hermano no por encima de sus virtudes, sino por debajo de sus faltas. No lo miramos de arriba hacia abajo, sino de abajo hacia arriba. No miramos lo que él ha hecho, sino lo que Jesucristo ha hecho por él.

Tercero, consideremos *la acción de secarle los pies al hermano*. Nuestras «toallas» de comprensión, de amor y de consideración deben estar al servicio del hermano en la fe. Si le mojamos los pies, se los tenemos que lavar y secar. Dios no quiere que sirvamos a medias al hermano. Tenemos que terminar lo que comenzamos.

[En este momento el ministro invitará a los hermanos a poner a un lado las diferencias y a lavarse los pies mutuamente. Él lavará primero los pies a un hermano como ejemplo, y luego todos, por turno, lo harán de igual manera. La ceremonia de lavado de pies se puede culminar cantando todos juntos un himno de gratitud a Dios.]